WU CHANG

武昌历史文化丛书编委会／编

武昌历史文化丛书

Wuchang Laojiexiang

武昌老街巷

彭建新 著

武汉出版社
Wuhan Publishing House

（鄂）新登字 08 号
图书在版编目（CIP）数据

武昌老街巷 / 彭建新著 .—武汉：武汉出版社，2019.3（2022.7 重印）
（武昌历史文化丛书）
ISBN 978-7-5582-1199-7

Ⅰ.①武… Ⅱ.①彭… Ⅲ.①城市道路－介绍－武昌区 Ⅳ.① K926.34

中国版本图书馆 CIP 数据核字（2018）第 281649 号

著　　者：彭建新
出 品 人：朱向梅
策划编辑：胡　新
责任编辑：刘　洪
封面设计：马　波
出　　版：武汉出版社
社　　址：武汉市江岸区兴业路 136 号　　邮　　编：430014
电　　话：(027) 85606403　　85600625
http://www.whcbs.com　　E-mail: zbs@whcbs.com
印　　刷：湖北新华印务有限公司　　经　　销：新华书店
开　　本：787 mm×1092 mm　　1/16
印　　张：13. 5　　字　　数：180 千字
版　　次：2019 年 3 月第 1 版　　2022 年 7 月第 2 次印刷
定　　价：32. 00 元

/序　一/
Preface

“求木之长者，必固其根本；欲流之远者，必浚其泉源。”一个城市的生命和灵魂，来自深厚的历史底蕴与坚实的文化内核；一个城市的品位和底气，离不开强大的文化自信与不竭的创新动力。挖掘历史资源、激活文化基因，事关精神命脉的传承，事关城市的永续发展。

有着近一千八百年建城史的武昌，历史悠久，文脉绵长。在这里，一座古城，风韵悠然，阔步前行，穿越千年沧桑；一处名楼，文人墨客，咸集诗赋，各领绝代风骚；一件大事，辛亥首义，敢为人先，改变中国历史；无数英豪，指点江山，前仆后继，浴血谱写辉煌。因为有了历史和文化的充分滋养，武昌始终生机勃勃、活力无限，为荆楚文化在中华文明总谱系中留下独特的基因和符号提供了丰富的给养。这片有着绚烂历史和强烈魅力的土地，一直等待着我们去发现、去感受、去领略、去彰显。

正因如此，我们有优势、有情怀，更有责任、有义务弘扬武昌的优秀历史文化，把武昌故事讲好，把武昌自信提升好，把武昌力量凝聚好。与其他展示武昌历史文化的论著不同，这套丛书全面系统梳理了多年散落在民间、口口相传的武昌老故事，通过精心的考证，深入挖掘其中蕴含的思想观念、人文精神和道德规范，并适应时代发展进行继承和创新，凸显出武昌发展的个性和魅力——从这个层面上讲，这套丛书的意义已经远远超出了文史资料的价值，它是武昌文脉的复现，为活化武昌文化遗产、树立武昌城市精神、提振市民精气神将作出独有的贡献。

丛书立足武昌历史根脉，突出武昌文化核心元素，在时间上自公元223年孙权建筑夏口城起至20世纪60年代，在空间上以武昌区现在的行政区划为主，分为“综合”“武昌人物”“武昌风物”“武昌景物”“武昌文物”和插画版“武昌指南”六个系列，将为武昌发展作出重大贡献的历史人物、影响历史进程的重大事件与武昌地域特色文化相结合，用群众喜闻乐见的语言讲历史故事、叙文化传统、说武昌古今。本书内容上具备理论高度、学术价值和思想深度，形式上明白晓畅、通俗易懂，能够激起读者情感共鸣，兼具历史性、时代性、知识性、可读性与权威性，可谓宣传推介武昌的集大成之作。

今天，武昌的经济体量已进入“千亿级”时代，站在新的起点，文化软实力正是提升我们综合竞争力和可持续发展能力的关键因素。习近平总书记说，“文化自信是一个国家、一个民族发展中更基本、更深沉、更持久的力量”，在建设创新型城区和国家中心城市核心区的征程上，我们更要“以古人之规矩，开自己之生面”，更要坚守中华文化立场，传承中华文化基因，展现中华审美风范。愿我们携起手来，共同努力，让传统文化与现实文化相融相通，让个体情感与集体情感同频共振，为新时代武昌的改革创新发展注入每一个人的家国情怀！

为策划、编纂和出版这套丛书，一大批专家学者以及许多市区老领导、政协委员都倾注了深厚的感情，为丛书的诞生奠定了坚实的基础，在此，由衷感谢他们为发展、延续武昌历史文化付出的巨大心血！

刘　洁

2018年12月

序　二
Preface

酝酿已久的《武昌历史文化丛书》终于要正式出版了，作为一个历史工作者和这套丛书的专家委员会主任，我感到由衷的高兴，十分乐意借写序的机会，同大家分享一下我的几点感想。

第一，为什么要出版《武昌历史文化丛书》？

武汉三镇之中，当属武昌的历史最为悠久，早在春秋战国时期，楚国就在这一地区设有封君夏侯。三国时期，孙权将东吴政治中心迁鄂（今鄂州市），寓“以武而昌”之意，改鄂名为“武昌”，这是武昌之名的由来。公元223年，孙权在江夏山（蛇山）筑夏口城，从而开启了武昌古城的历史，至今已近一千八百年。从元代设湖广行省起至清末，武昌一直是省级大区域行政中心。北伐战争后，改武昌县为武昌市。1927年，武汉三镇在行政区划上正式统一为一市。1949年武昌解放后，成为中共湖北省委、省人民政府所在地，在1952年调整区划后，正式成立武昌区人民政府。

千百年来，武昌因其独特的地理区位，始终处于社会变革的最前沿，承载着中华民族波澜壮阔的历史变迁，书写着气势磅礴的历史画卷。武昌人文底蕴深厚。屈子行吟，崔颢题诗，李白唱和……近代以来，张之洞督鄂，兴实业，办教育，练新军，新旧学堂并起，东西文化交融，风气大开，武昌由此奠定了全省文化中心的地位，诚如张之洞题黄鹤楼楹联中云：“昔贤整顿乾坤，缔造先从江汉起；今日交通文轨，登临不觉亚欧遥。”武昌自然风光秀丽。东湖、沙湖、紫阳湖等，妩媚多娇；洪山、蛇山、珞珈山等，玲珑别致；黄鹤楼、宝通寺、长春观等，景色优美。山灵水秀，人文荟萃，让武昌成为最适宜居住的城区。

武昌历史悠久、文化厚重、科教区位优势明显，是武汉的城市文化名片，而《武昌历史文化丛书》正是一套向世人充分展示武昌这座历史文化名城的独特魅力和风采的作品。

第二，如何编好《武昌历史文化丛书》？

武昌是武汉文脉沉淀之地，积累了丰厚的文化资源，如黄鹤楼文化、辛亥首义文化、名人文化等，此前也有若干零星介绍武昌历史文化的图书，而这套丛书则是第一次全面系统梳理千年古城的历史文化、系统挖掘武昌历史文化资源的重要工程。

本丛书在整体设计上分为六个系列，形式新颖，内容全面，体系完整，时间上从公元 223 年至 1960 年代；空间上以现有武昌区行政区划为主，必要时以历史上的大武昌概念为界定，将为武昌发展作出重大贡献的历史人物、影响历史进程的重大事件与武昌地域特色文化相结合，激活武昌文化基因，展现真实、立体、全面的武昌，集中呈现武昌深厚的文化底蕴。

在作者的选择上，着重选择了对武昌历史文化素有研究的专家学者；在内容上，利用新史料，体现研究新成果，集历史性、权威性、知识性、可读性于一体；在形式上，采取图文并茂的形式。

第三，编撰《武昌历史文化丛书》的意义何在？

习近平总书记在党的十九大报告中指出：“文化兴国运兴，文化强民族强。没有高度的文化自信，没有文化的繁荣兴盛，就没有中华民族伟大复兴。”只有对自身文化有高度的自信，才可能带来武昌的繁荣兴盛。在新时代下，启动这套丛书的编撰，既体现了武昌区委、区政府的远见，也可谓正逢其时。

该丛书既是在新时代第一次全面、系统挖掘武昌历史文化资源的重要文化工程，也是响应市委、市政府建设“历史之城、当代之城、未来之城”号召的实践成果，更是加快建设现代化、国际化、生态化大武汉，全面复兴大武汉的具体举措，功在当代，利在千秋。

本丛书立足武昌，深入挖掘其中所蕴含的思想观念、人文精神、道德规范，并结合时代要求继承创新，突出展示武昌最具特色的核心文化元素，集中挖掘城区的文化根脉，讲好武昌故事，传承历史文化记忆，对于传承武昌区优秀的历史文化、提升居民文化自信、推进城区文化建设具有重大的现实意义，必然成为武汉市打造国家中心城市和世界亮点城市规划中绚丽的一环。

关于学习历史的意义，习近平总书记在中央党校建校 80 周年庆祝大会暨 2013 年春季学期开学典礼上讲道：“学史可以看成败、鉴得失、知兴替。”从武昌悠久、丰厚的历史文脉当中，我们也一定可以看清她的成败、得失、兴替，从而以更加清醒的头脑和更为厚重的历史感，借改革开放四十年的东风，更好地了解武昌、建设武昌、发展武昌。

是为序。

马　敏

2018年12月于武昌桂子山

前 言
Foreword

阅读一座城市，品咂一座城市的文化品位，探索一座城市的文脉，领略一座城市的风情，走进一座城市的心灵，可以有多种角度。而最直接、最便捷的方式，莫若在这座城市的老街老巷里漫游。

在中国城市化进程日益提速的今天，城市街巷的“新陈代谢”日新月异，很多如城市老底片的老街巷，不断被高楼大厦、现代社区所掩翳，甚至覆盖。有欣喜者，有叹息者，有思索者。欣喜者因久住老街巷，老房子陈旧如同危房，老街巷交通不便、排污不畅，难免欣羡那高楼大厦电梯上下的便捷堂皇。叹息者，旧地旧居老街坊，那“金窝银窝，不如自己的老窝”的情结，在内心盘互交错，长出恋旧的果子，在他人眼里，或许滋味难说，自家心里，却美若蟠桃，回味无穷。思索者，半生奔衣食，半生读世相，临到赋闲，家事无须操心，提及故乡老街巷，勾起一些学问课题之类遐想，搜寻些文字、图片和视频，心底波澜，笔下文章，自身养性，后人受益，未免不是功德。在城市史家眼里，城市老街巷的话题，就很严肃了，溯源寻迹、瞻前顾后、旁征博引，怎么也得作出大学问来。想想也确有道理。

曹雪芹那本《红楼梦》，严格说来只能算半部，“满纸荒唐言，一把辛酸泪”。曹雪芹自己也承认，皆小说家言，只不过委实是呕心沥血，写得辛苦。但曹雪芹也为后世留下一道题：“都云作者痴，谁解其中味？”一座历经千余年世事沧桑的城市，演绎出场面恢宏、细节繁复的喜怒哀乐，积淀出德泽百世、滋润千秋的人生百味，凡此种种五光十色的人文斑斓，绝非半部《红楼梦》可以承担得起的。那些密如蛛网、细若游丝的老街巷，是城市历史文化的毛细血管，为城市的成长和发展提供过营养；老街巷，是“城市硬盘”的磁道和扇区，存储着城市海量的历史文化信息。幽曲的老街巷，烙着先辈或奋进或踉跄或歌或哭的足迹；幽深的老街巷，秘藏着地域文化原汁原味且难以复制的珍贵底片，承载着城市居民浓郁的乡愁。

一般来说，在城市化进程中，对一些老街巷进行改造乃至拆迁，固然是不可避免的，但用不同的方式对城市老街巷的人文底蕴做一些文化钩沉和发掘，无论是从对历史的尊重，还是对眼下乃至将来城市发展的规划及城市文化形态的构建，都是必要且重要的。武汉这座城市，三镇鼎立、各自为城的历史，远比“武汉市”的历史长很多。十里不同风，百里不同俗。在漫长的城市化进程中，万里长江，如一豪情伟岸汉子，从西部三江之源，过夔门，穿三峡，奔流而来；千里汉江，从北部的黄土高原，满载着黄河文明的妆奁，沿途接纳楚地灵山秀水的装扮，俨然一可人娇娘，迤逦而至，在我们这里，完成了他们宿命般的相约相拥，构建了这两江三镇的城市格局之后，浓情融融，奔向大海，向世界昭示黄河文明和长江文明是如何浑然天成地哺育着生生不息的炎黄一脉——荆楚儿女如何从华夏文明的肇始地出发，一代又一代地谱写出壮美的诗篇。

早在汉水在我们这里汇入长江之前，楚人作为炎黄的一支，沿着汉水的足迹，筚路蓝缕，以启山林，伴麋鹿而友凤凰，与当地“荆蛮”和谐融合，塑就不畏艰险、迎难而上、敢于挑战、追求卓越的楚人性格，涵养出浪漫厚重、包容豁达的楚人胸襟。这，或许就是楚风楚韵或曰我们的地域文化精神的根基。

这种别具一格的地域文化精神，在长江沿岸大都市中，肯定是独具特色、绝无仅有的。楚风楚韵，大象无形。作为中华民族文化精神大厦弥足珍贵的重要构件，曾长时间不经意地弥漫在武汉三镇的老街巷之中，或铭刻在老街巷的名字上，或附着在老街巷的瓦楞飞檐上，或镌刻在老街巷的青石板上，或烙印在老街巷里安详老妪的额头上，或留存在老街巷幽默的方言中，成为我们这座城市特有的人文资源。

武汉三镇的老街巷，不啻为分享三镇汉味风情的窗口。三镇汉味风情共同的文化内核，是楚风楚韵。俗话说，酒好不怕巷子深。楚风楚韵的耐咀嚼处，当在三镇的老街巷里。由于三镇成城成镇的历史沿革，以及三镇的城镇格局和功能有别，老街巷的布局形态和文化形态的差异也是相当明显的。

简洁地说吧，老汉阳城邑，面江倚河，城内有名山，多湖泊，可谓是小巧玲珑，功能齐全，老街老巷，古朴有致。老汉口有城堡后，以商贸兴镇而构成的老街巷，形成城邑发展痕迹明显的“三截头”：从硚口至集家嘴一带以汉正街为轴的老街巷为第一截。以西起六渡桥东至歆生路（今江汉路）、南起四官殿北至铁路沿线的老街巷，形成黄陂街、花楼街一带商贸行业街集群，此为第二截。歆生路以下为第三截，老街巷多为各国租界界路，连通诸多里分，街名有洋有中、由洋而中，因时代变迁、治权变更而改动频繁。

三镇老街巷中，格局宏大、地域风情最为丰富、楚风楚韵最为纯正的，当属老武昌城的老街巷。

清光绪九年（1883年）八月，湖北善后总局刊印了一份《湖北省城内外街道总图》。如果从武胜门到保安门画一条直线，再从汉阳门到宾阳门画一条直线，两线相交处，正是武昌的演武厅亦即现在的阅马场一带。这样的两条直线，把老武昌城分成了面积大致相当的四块。从这份地图来看，整个老武昌城总体呈椭圆形，“堂堂正正”，饱满大气。从街巷民居分布来看，除了东南方向那一片因湖荡较多而使得街巷民居设施较为稀朗外，其余三块地域，大街小巷之稠密，让人眼花缭乱，顿生惊叹。府衙、学府、庙观、商铺、民居栉比鳞次，展现出古城武昌特有的厚重气象。显然，这幅《湖北省城内外街道总图》属于手绘本，也看得出，无论是从考据还是从实图显示的角度，遗漏处肯定不少。以此图为蓝本，去“计算”老武昌的老街巷，的确有难度。但是，让老地图当“向导”，走进武昌的老街巷，品味武昌的老街巷，应该是一种享受。怀着一份敬畏、一份虔诚，走进武昌的老街巷，不仅能感受到商贾物流、市井众生的喧嚣，而且还能感受到问鼎中原的大气、惟楚有材的霸气、学府满城的文气、金戈铁马的血气。

在《湖北省城内外街道总图》中粗作搜寻，从明清至新中国成立之前，相关史籍有记载和地图上有标注的武昌老街巷里，有名可考或有传说支撑的老街巷就有100多条，其中，与府衙相关、与战事相关、与文化教育及其机构相关的老街巷有60多条，从事各类商业营生的行业街有近20条，与宗教场所相关的街巷有约20条，因传说而命名的老街巷有约20条。因城区发展而变化，很多老街巷已无踪可寻；因街巷串联、地段的分段标准不一等因素，以上数字不一定准确。但是，大致可以看出，在三镇里，除行业街的分布不如汉口那般集中之外，武昌以府衙命名的老街巷、与战事和与文化教育相关的老街巷，数量之多，冠盖三镇。

大街小巷，除了基本的交通功能之外，更是城市气质品位的载体，老街老巷，因其老，其承载的历史文化积淀，是新街新巷不可替代的。武昌老街巷里的文化积淀，不仅是武汉三镇地域文化的重要组成部分，而且还是华夏历史文化宝库中熠熠闪光的一部分。

全面、系统介绍武昌所有老街巷的来龙去脉，是文史工作者的任务。武昌老街巷蕴藏的文化，是我们这座城市的文化标本，五彩斑斓，既有可歌可泣的壮美，也有文质彬彬的秀美，从细节处咀嚼，回味无穷。从楚文化的角度切入，展示武昌老街巷所蕴含的大气、霸气、文气、血气的特质，叙述老街巷中的人文掌故、世事沧桑、人生五味，让世人领会这里有楚地的文脉，这里有我们这座城市的文化之根，在这里回望过往，或许，能为我们的城市在阔步前行时，增添能量。

目　录 / Contents

第一章
大气长街　沧桑府衙

一、长街大气府衙多

正街，往往是一座城市的母街，是这座城市块面布局形态的骨架和中心，有着较其他街巷更悠久的历史和文化积淀。武汉三镇，名头前冠以“正”字的街，不在少数。就“母街”而言，三镇各有一条。汉口有汉正街，汉阳有显正街。武昌的正街，却不叫正街，叫长街，当然，如今叫解放路。

武昌的解放路，称它为武昌古城的“母街”，绝对是恰如其分的。这条街及其周遭，丰厚的人文积淀，丰富的市井风情，丰盈的商贸市廛，三镇之中，堪称翘楚。随着现代都市化进程的提速，历史和传统，在这里绽露出诸多被碰撞被融合的痕迹，但是，如果多揣一份人文关怀的心绪，在这里细细地搜寻，不难咀嚼出更多纯正老街的滋味。

❶ 前世今生话长街

解放路，被称为长街的历史，远比叫“解放路”要久远得多。

长街的长是名副其实的：位于武昌老城区的中央，纵贯南北，南起解放桥，与中山路西端相交，北抵中山路大堤口，宽 20 米，长 3000 多米，真是够长的。解放路不仅长，而且街龄特老，老到可以追溯至南宋时期："南湖外与江通，长堤为限，长街贯其中，四旁居民蚁附。"这是祝穆在其《方舆胜览》里面描述的。祝穆是南宋时期之人，由此可见，南宋时就有长街了。那时的长街已经很有规模了，不仅长，而且民居密集，很有人气。依照祝穆的记载，可以查证出其所述之南湖，乃宁湖（又被称为明月湖）、都司湖、西湖、歌笛湖、教唱湖、长湖、紫阳湖。如今的解放路亦即当年的长街，面江临湖，与拦江长堤浑然一体。而当年那七八个湖泊，是连成一片的，如同清澈的眸子，陪伴着当年的长街，也掩映着长街演绎的人间五味和一言难尽的生活。由于这些湖泊皆在蛇山之南，且湖湖相通，故祝穆把它们通称为"南湖"。如今，除紫阳湖还有点"湖"的"余沥"外，其余的湖，都由湖而糊——模糊得只剩下几个"龙钟"的地名，散落在武昌古城的老街巷里了。而当年，这些都是"货真价实"的湖。在南宋诗人陆游的《入蜀记》中，可以找到佐证："下阚南湖，荷叶弥望。中为桥，曰广平，其上皆列肆，两旁有水阁极佳。"陆游是个有忧患意识的诗人，在入蜀途中暂留长街，心绪应该是复杂的。让他倍感庆幸的是，他客过武昌长街，估计是盛夏时节，见到的是十里长街十里荷廊、十里长街十里水阁。在古城武昌的中心，有如此美的自然景致，将那浮在市廛的红尘物欲都兑得淡了，将一腔子郁闷也稀释了，实在是一大快事，故而其记叙虽简洁，但平和愉悦的心境，字里行间跃然可见。

在中国历史上，明朝是个很值得"咀嚼"的朝代。明末时期对武昌长街的改造，基本奠定了眼下长街的格局。到明亡清兴之后，这前代的长街，被分成几截称呼：目下长江大桥跨线桥至大成路口的这一截，叫南楼正街，简称"南楼"；大成路口至如今彭刘杨路口，称芝麻岭街，简称"芝麻岭"；余下直至武昌造船厂东大门处的这一截，叫兰陵街。尽管被如此"瓜分"了，但当时"长街"的称谓还在使用。到清光绪

图 1-1　1935 年扩建后改名为“中正路”的长街

十四年（1888 年），在沿称“长街”的同时，又把长街划成南北两段，北边一段叫芝麻岭，南边一段叫兰陵街。

武昌长街的第三次扩建，是在 1935 年。这次扩建长街，干脆将蛇山从鼓楼处彻底“斩断”，鼓楼亦一并拆除，在鼓楼原址上架钢筋水泥桥以联络交通。这等改建，有些气魄。这次对长街的扩建，朝北，过司门口直抵中山路，往南，直抵王惠桥。完工之后，王惠桥便被改称“中正桥”，而整条路则被改称“中正路”。新中国成立之后，长街街名就被改称“解放路”了。

❷ 长街弥漫府衙风

武昌这条近十华里的长街，如果仅仅只是长，也就无趣了。这条现在名叫解放路的长街，从古至今，以其通衢功能齐全，历史文化内涵充实，人间烟火繁盛，名扬三镇。

交通交通，交而不通，则为堵，堵车堵心；通而不交，则为疏，故作为通衢大道，若没有人流物流，没有人气，亦无价值可言。作为武昌的一条老街，能历经千余年，该留下了多少达官显贵、文人骚客、贩夫走卒、芸芸众生的足迹，刻下了多少喜怒忧思、离愁别绪的情感，留下了多少兴衰更替、城头换旗的历史镜头。

长街亦即今解放路北段司门口一带，一直是武昌商贾云集与店铺林立的地段。虽不像汉口六渡桥至江汉路一带那样分出众多的行业街，但诸如绸缎铺、服装店、珠宝银楼一类商铺，一家挨着一家，数量几乎占了整个武昌城商铺的一半。如果不是周遭人气火爆，如果不是生意兴隆，不可能出现商铺如此聚集的现象。武昌城有着鄂省省会的悠久历史并延续至今。武昌长街的南端，武昌造船厂东门附近，据说，这里曾是张之洞的办公之地——督署亦即总督衙门。在一段时间内，这个衙门的权限，远比想象的要大得多，因为，张之洞在这里担任过湖广总督。

走进厂内，企图寻找这位督鄂十八年的晚清封疆大吏的办公处，自然，这位晚清重臣的衙门已然没有了。一间貌似房厅模样的建筑，颓圮孑立，那间厢房，裹满沧桑。几级废墟台阶，枯叶衰草，零散而零落，当年那拾级而上“步步高升”的意蕴已是杳然。遥想当年，这位对近代湖北武汉的工商文教事业有过奠基之功的重要人物，可能曾在这里度过了十八个春秋，为一个每况愈下且日薄西山的王朝尽忠尽责，溘然离世时，居然连丧葬费都不能自理，竟然靠其门生故旧筹措才得以入土为安。好在张总督的功过是非，史册有载，张之洞虽祖籍今河北南皮，湖北武昌长街之于他，也算是他乡亦故乡了。长街督署附近，尚有藩署、藩照厅、藩经厅、藩库厅、保甲总局、清军府署、督右署、督左署一类文武机构衙门。众多职能部门在这里集中，至少应该有两个原因。一是官员们可以少跑路。公事呈请公文、领受训示，少跑路可以提高办事效率；再者，接近上司乃至办私事，少跑路可以提高成功率。旧时三镇有一民谚云：汉口人的钱，是堆在街上的；汉阳人的钱，是插在鹦鹉洲沙滩上的；武昌人的钱，是顶在帽子上的。意思指的是，汉口以商贸繁盛著称，行业街商贾人家，早晨开市，多把货物堆在铺子门口，有“货卖堆山”的效应。汉阳鹦鹉洲一带，做竹木生意的湘籍商人，多将竹子、木材插在江边沙滩上，既可晾晒，也顺便做了广告。武昌乃是衙门集中之处，官员们办事请示、买官跑官，都少不了一个钱字。督署衙门附近下属机构集中的另一个原因，有点奇葩。那很可能与张总督的工作习惯或曰生物钟与众不同有关。张之洞勤政清廉，但他的作息规律却异于常人。在这点上，张之洞也算是个“怪人”。作为朝廷大员，照理应是夙兴夜寐、宵衣旰食，但张之洞却不。每天下午两点，张之洞即入睡，这一觉往往要睡到晚上十点多钟。这以后才是他办公的时间。他个人如此“颠倒黑白”倒不要紧，牵连一大批人都得向他靠拢。也是，谁叫你是下属，他是张之洞呢？湖广总督，所辖地域之广，上马管军，下马治民，日理万机变成夜理万机。督署中人及其他僚属，往往等到深夜才能等到他的传见，又不敢走。等到传见了，张之洞谈兴上来了，他可以旁征博引，滔滔不绝，让您直到清晨也不得出署。有时他老人家意兴阑珊了，连哈欠都不打一个，就假寐了，也时有沉睡过去、鼾声吼吼的不堪状。碰到这种时候，被接见者的尴尬可想而知。当然，也只好先行退出，又不能告退回家或离开得太久、太远，不定何时张之洞他老人家缓过劲来，眼皮子一睁，还要与你做彻夜谈，也是不可知的事。每天下午两点睡觉，晚上十点多才起床理政办公，算下来，张大人连晚饭都省了。对张之洞的这种情况，当年，不少同僚很有看法。比如，执掌朝廷刑狱复审的大理寺卿徐致祥，就曾向皇帝参劾过，其奏折称：张之洞辜恩负职，兴居不节，号令无时。说张之洞辜恩负职，有失公平，“兴居不节，号令无时”，倒是不冤枉。尽管是封疆大吏，被同僚参劾，朝廷的调查是必要的，也是必然的。也许是因为张总督官阶太高，当年的调查也就比较谨慎，调查的方式也比较温和，以同级官员之间的调查为主。在诸多的调查报告中，粤督李瀚章的奏折还算公允：“誉之者则曰夙夜在公，勤劳罔懈。毁之者则曰兴居不节，号令无时。既未误事，此等小节无足深论。”除此之外，张之洞还有养猫而且在工作时间“盘弄”猫的习惯。也是当朝重臣的他的堂兄张之万在一封家书中有这样的描述：“香涛（张之洞）饮食起居，无往不谬。性又喜畜猫，卧室中常有数十头，每亲自饲之食。猫有时遗矢于书上，辄自取手帕拭净，不

图 1-2　张之洞办公

以为秽。且向左右侍者说：‘猫本无知，不可责怪，若人如此，则不可恕。’”有此等日夜颠倒生活方式甚至办公时间盘弄宠物的上司，其下级不可能没有意见。但有意见归有意见，只能腹诽，谁又敢提呢？于是，下级衙门设在督署周边，下级迁就上级。这也许是衙门集中而使长街显得特别大气的原因之一。

或许，洪秀全认为长街这一段府衙气很浓郁的缘故吧，他的队伍第一次攻占武昌城后，太平天国的几个王，都将他们的王府设在这几个“前朝”衙门里，例如杨秀清的东王府设在藩署，萧朝贵虽已战死，尚有幼西王，其王府就设在督署，而洪秀全是太平天国的“天王”，乃是一国之君，府第叫作王府就有点降格了，于是就改称“天朝殿”，另建个“殿”肯定是来不及了，将就着住进了东、西王府之间长街岔道上的“前朝”抚署里。

官府衙门多的地方，以级别最高的衙门为圆心，向周遭辐射，形成一个鱼龙混杂、雅俗共存的圈子：官员们办事跑官，得一层层衙门地跑，从最低级的衙门向最高级的衙门跑，而最高级衙门里的张之洞又是个“兴居不节，号令无时”的主，加之官场的繁文缛节又多，是个官都得坐轿子。可想而知，当年长街的这一块，绝对是轿子穿梭，往来不绝。这块衙门集中的地方，对大小官员很重要，对市井百姓尤其是那些做买卖的行商坐贾，也很重要。买卖买卖，有卖的就有买的。开店铺的有招牌幌子，无须吆喝。那些摆地摊武汉土话称为“挖地脑壳”的，大喉咙尖嗓门的兜售声，嘈嘈杂杂。趁买物件讨价还价的，闲逛看热闹凑趣的，可谓是百人百态。“鹤楼游罢又长街，货肆新开左右排。买得中秋圆月饼，回家一笑唤儿来。”① 这首《竹枝词》描述的长街繁华风情，

---

① 徐明庭、张颖、杜宏英辑校：《湖北竹枝词》，武汉：湖北人民出版社2007年版，第84页。

很是形象。

长街这一段府衙聚集的历史，已成过往，其显贵的成分，已被“消化”为武昌老街巷历史文化积淀的一部分，向后人无言地讲述改朝换代后一言难尽的兴衰得失。那曾经的冠盖如云，早已被时空的黑洞所吞没，留给武昌长街的若干记忆之痕，零零碎碎，尚可让后人拼凑出其间宦海沉浮、人生无常的五味杂陈。回望眼前百业兴旺、五光十色的十里长街——解放路，“旧时王谢堂前燕，飞入寻常百姓家”的感慨，涌上心头。

❸ 玉带转身大成路

长街长而大气，没有孤独，没有寂寞，在岁月中苍老，在岁月中年轻。长街的苍老，是岁月划过的痕迹，在岁月中年轻，因沿途接纳了众多的街巷，吸纳了一代代楚地的人文精神。海纳百川，有容乃大，赞美的是大海宽阔的襟怀。涓涓溪流，汇成江河，赞美的是溪流含蓄的执着。与长街交会众多的老街巷，大成路是一条执着而又有内涵的“溪流”。

从文庙说起。

与武庙相对应的文庙，也称圣庙、文圣庙、孔庙、孔圣庙。早先，大兴土木建筑文庙的初衷，是在这建筑里举行活动，活动的仪式也相当隆重，以示尊孔，后来，这有祭祀意味的尊孔圣地，逐渐也开设儒学，兼有教育机构的职能，县文庙称县学，府文庙称府学。因此，文庙又有“学宫”的雅称。成规模地兴建孔庙，是在盛唐年间。唐太宗贞观四年（630 年），命各州、县普建孔庙。唐太宗一代雄主，文治武功，双管齐下。祖上传下个好基业，先世留下个好榜样，到唐玄宗李隆基时期，其开创了“开元盛世”。唐玄宗李隆基，在后世文学家和文化学者们眼里，关注度很高。开创的“开元盛世”，与他的英睿才干分

图 1-3　唐玄宗像

不开，后期懈怠，弄出个“安史之乱”，埋下大唐由盛而衰的伏笔，李隆基也脱不了干系。

坐落在武昌城内的文庙，是北宋仁宗康定元年（1040 年）的建筑。海内外文庙的规模，大小不一，建筑格局及陈设却大致相同。武昌文庙亦如此：第一道围墙向南，东西两侧各开一门，门柱上分别刻“道冠古今”（东门）和“德配天地”（西门）。围墙正面上半截为石栏杆，两端各竖有一丈余高的石碑，上刻“官员人等在此下马”。围墙外有两三丈宽的走道，走道前是一石栏围成的方池。进第一道门，过一场地，便是第二道围墙。墙内有正门，这是两扇不常开的门，只有在此文庙内读过书且中状元者，其衣锦还乡时才开，故被称为“状元门”。状元门内有一圆池，池上有桥。池后又有一场地，场地后才是与大成路有直接关系的“大成门”。大成门的后面，是一片百余方丈的场地，场地后的殿堂，就是大成殿了。

清末废除科举后，兴办新学堂，文庙的教育机构功能就消失了。但在此前相当长的岁月里，在中国，有读书人的地方，大都有孔庙；所有的孔庙里，都有大成殿。但是，孔庙前后的街巷，不一定就叫作孔庙巷、孔庙街、大成路、大成街。

可是在武昌，原孔庙前的街，就叫大成路。

叫“大成至圣先师文宣王路”，肯定显得很啰唆。叫“大成路”，与长街的大气很相配，与大成武昌很相配。武昌大成路具体的位置是：蛇山西段南麓，东起解放路中段的火巷口，西止彭刘杨路西端，全长330米，宽20米。在被称为大成路之前，这条街原来有个很有诗意的名字——玉带街。不过，找出清代的相关地图一看，这条玉带街东临吉祥巷、北接学府口，估计隐着“蟒袍裹身、玉带缠腰”的盼头。如此看来，这“玉带”就有些利禄气了。不似汉口那边曾经的玉带门、玉带河的“玉带”，虽混在商海里，却有些呼唤浪漫的意思。不过，这条玉带街的街名还是给改了，改在1933年。那一年，这条路扩建改造，因为北边靠近孔庙，就改作沿用至今的路名——大成路。到1967年，又改了路名。好在这次改名改得不久，也就是5年吧，就又被改了回来，还是叫大成路。

其实，如果一定要以名人之名为这条街命名，还真可以再商榷。

比如，一个叫陈定一的年轻人，曾为我们这座城市的新生，慷慨地奉献出自己宝贵的生命。要问陈定一是何许人也，乃20世纪20年代湖北省学生联合会主席、武汉易家墩人是也。这位年轻的共产党员，将个人的生死安危置之度外，积极从事革命活动，在北伐军进攻武昌的前夕，他因组织暴动策应，被反动军阀抓捕入狱。反动军阀在劝降、逼供等手段用尽且皆无效之后，将陈定一杀害于当时玉带街亦即大成路东端的火巷口。北伐军攻占武昌之后，1927年初，国民政府从广州迁至武

图 1-4　陈定一烈士就义纪念碑

汉，曾在武昌的这条街上竖立起“陈定一烈士就义纪念碑”。20 世纪 30 年代，这条街扩建，烈士纪念碑虽被移至现长江大桥引桥南端，但是，为理想献身的共产党员的英魂、楚地血性男儿的豪迈气概，应仍是这条街生命中真正“至大成”的不朽精神。

二、小街小巷也大气

“街名一半店名呼，芦席稀稀草纸粗。一事令人惆怅甚，美人街上美人无。”[①] 这是清代叶调元《汉口竹枝词》中的一首。意思浅显明白：老汉口的老街老巷，那街名，以卖哪样商品多，就以哪样商品而命名，比如草纸街、剪子街、篮子街、梳子街，不一而足。仅就穿而言，就有棉花街、花布街、衣服街、打扣巷，基本上是行业一条龙。早年集家嘴、四官殿等码头，以及黄陂街、花楼街一带，人烟稠密，商贸繁盛，就这样以其行业街密集的形态，展示着独特的商贸文化和汉上风情。热闹倒是热闹，至少从叶调元的《汉口竹枝词》里我们可以品味到，老汉口人对老街巷的取名也不太讲究。叶调元对汉口老街巷名称的调侃，幽默且到位，但他毕竟是个诗人，不可能对三镇老街巷的文化源流做详细的梳理。武昌的老街巷，也有很随意的街巷名，像筷子街、灯笼巷、杨纸马巷、粑粑巷、炭厂角、炭厂角后街之类。但更多的是很有气派的街名，尤以地处府衙附近干脆以府衙而命名的老街巷为甚。粮道街，三道街，候补街，都府堤，大、小察院巷，三道街，户部巷，小都司巷，巡司街，不一而足。这些以衙门名称命名的街巷，听起来是不是很大气，甚至有些霸气？粮道街和户部巷这两条老街巷，对体味武昌老街巷的大气韵味，具有典型价值。

❶ 粮道街上故事多

不知是有意为之，还是机缘巧合，古老的粮道街，处在老武昌城武胜门至望山门、汉阳门至宾阳门两条直线的交叉点上。迷信是不对的，但在人类文明史上，大多有过图腾崇拜的阶段。楚人浪漫，哭嫁跳丧，楚人潇洒，洋洋洒洒。这种楚文化的基因，形成某些与“堪舆学”合拍的想象空间，抑或用在建筑也包括街巷布局上，让粮道街在老武昌城占了南北通透的好位置。俗话说，同船过渡，五百年难修——粮道街，与

---

① 徐明庭、张颖、杜宏英辑校：《湖北竹枝词》，武汉：湖北人民出版社 2007 年版，第 109 页。

楚文化的历史，还真有缘分。说起粮道街的历史，与清代的一级被称作“道”的衙门有关。

清代“道”这一机构，主事的一把手叫“道员”，人们一般称其为“道台”。这有点像民国时期军队里对军官的称谓，自团长及以上，本来是团长、旅长、师长、军长，下属却称其为“团座”“旅座”“师座”“军座”。以清代的官阶制度考量，道员是省与府之间的地方长官。清代初年，道员的级别还不是很稳定，到清乾隆十八年（1753 年），才统一定为正四品。清代各省的道员，分工比较杂，有督粮道或粮储道，简称粮道；又有管河道和河工道的，简称河道。其他还有驿传道、海关道、屯田道、茶马道之类，不一而足。

粮道街之得名，就源于清代曾在此设的粮道署。而粮道街声名之彰显，却缘于此处多书香，此处多人杰。溯至明代，这里有勺庭书院；清代，这里有江汉书院；民国初，这里有大学一所，中学两所，专业学校三所。就拿粮道署来说吧，到民国时期，这个衙门就被改成学校——私立中华大学。这所大学因出了个青年革命家恽代英，曾经誉满中华。当年旧址上建起的武汉市第三十三中学（现改为武昌文华中学），仍是一所很不错的学校。

涉及粮道街与教育的话题，新中国缔造者之一的董必武，很自然会进入我们的视野。这位前清秀才，当他接受了革命思想，就想到要建一个宣传革命思想的平台，而最好的平台，莫过于学校。于是，1920 年，春寒料峭的时节，在粮道街东端，董必武聚集友朋，紧锣密鼓，筹划办学。如何成立学校董事会，如何筹集资金，万事开头难。当时钱不够，董必武便脱下身上的皮袍拿到当铺里典当，凑足办学的费用。于是，一所以我们这座城市的名称而命名的学校——武汉中学诞生了。

早年的武汉中学，走出了一批以救国救民为己任的革命者，他们中，有的成了“黄麻起义”“鄂东南暴动”的先锋，有的是创建鄂豫皖革命根据地的骨干。他们中，多壮怀激烈、慷慨悲歌之士，有的英年捐躯，有的列入新中国将帅谱，他们的人生，在中国现代史和中共党史上熠熠生辉。

早年的武汉中学，注重理论联系实际，注重关注社会民生，涵养了朴诚勇毅的精神。这些宝贵的教育理念和实践经验，作为当代中国教育的一笔财富，显得何其宝贵而厚重。

在过去漫长的年月里，粮道街虽然“驻”着粮道，且街以此而命名，但是，有粮道的街，并不等于就有了粮草，这条街上的百姓也并未因此而衣食无忧，估计也就是当官的轿子看得多一点而已。真正让粮道街气象一新的时代，还是最近这四十年，也就是我们时常说的改革开放以来的这些年。

漫步于眼下的粮道街，闻之者皆乐，见之者皆喜。环蛇山一带，还

图 1-5　武汉中学

有些老房子，临街的，尽是些新建筑。似乎，历史的古色古香与现实的时尚时髦，在这里兼容了。这，很容易使人在陶醉中产生些许感慨。

的确，粮道街可以把我们的思绪，牵得很长。

把粮道街引入人们视野的，还有件曾轰动一时的“武昌掘金案”。

事件发生在1934年的端午节，案发地点就在当年武昌粮道街尚书巷1号的房子里。与尚书巷1号紧邻的是粮道街61号，户主是湖北浠水籍的孔庚。孔庚算得上是民国时期的风云人物，湖北武备学堂、日本振武学校和日本陆军士官学校第六期步科毕业。武昌起义期间，孔庚往来于北京、孝感之间，为革命传递信息；后来，他曾参与光复山西；1914年担任陆军第九师师长等职，后不问政事，致力于教育事业。案发那年，孔庚已赋闲粮道街61号。位于尚书巷1号的这座老宅子，原先的主人叫刘维桢，不知何故被人称作“刘长毛”。刘长毛早年参加过太平天国运动，但他参加太平天国运动的目的主要是抢劫金银珠宝和古玩，看看捞得差不多了，便降了清军，带着财宝等，没回黄冈老家，来到武昌粮道街，抱着金银珠宝等，当起了“寓公”。那大名人孔庚又是怎样被牵扯进“武昌掘金案”，而且还是该案的原告呢？原来，孔庚并不知道尚书巷1号是一处“金窖”：据说，该座宅子的原主人刘长毛，曾有101处金窖。那么多的金银珠宝，他一辈子无论如何也花不完。刘长毛的人生，有两大“悲哀”：一是没有子嗣，二是到死钱都没花完。临死之前，估计刘长毛心有不甘，对他的旁系后人，刚断断续续交代完98处金窖，就呜呼哀哉了。于是，就留下两个谜团：一是刘长毛说出的98处金窖的下文如何，二是那剩下的3处金窖藏在何处。谜团之二的转机就发生在1934年的端午之夜。孔宅隔壁邻居彭幼南，常年在汉口与兄弟经营金银珠宝生意，当日回武昌老屋过端午。那夜，大雨倾盆，彭幼南尿急，开门方便，不经意瞥眼间，看到孔邻居院子后的土坡上有些发光的金属坨子，走近一看，竟是银锭。运气这事，还真说不清。于是彭幼南伙同他的兄弟不动声色地动手挖掘，收获惊人，财宝竟然装了20多口肥皂箱子。可是，当彭氏兄弟雇人运送金银珠宝到汉阳门码头准备乘船过江时，正在码头值勤的一位军人恰巧是孔庚的老部下，听说箱子是从粮道街尚书巷出来的，就怀疑上了。彭氏兄弟趁这位军人打电话到孔府核实有无失窃物件时，急忙高价雇船过江到了汉口，并且连夜辗转去了上海。尽管孔庚是位名人显贵，对钱，他还是喜欢的。此后，孔庚以财宝所有权问题开始了漫长的诉讼过程。无奈彭氏兄弟上下打点，效果很好，弄得上下相关衙门对孔庚层层敷衍，对彭氏兄弟层层偏袒。尽管官司的过程还有很多有趣的细节，但显然都不重要了。重要的是孔庚使尽浑身解数，从司法到军警，从立案到抓捕，办案者看似都很努力，但彭氏兄弟还是安全地带着财宝到香港逍遥去了。

当然，眼下，尚书巷已不复存在，而且，当年轰动一时的掘金案，也并非粮道街的正史，顶多也就是发生在昔日粮道街和尚书巷的一则旧闻而已。时至今日，粮道街还在，街上的行人也在往各自要走的地方走，街和人，街和我们的生活，都在继续过滤或沉淀着我们这座城市的“文化因子”。

❷ 高校摇篮三道街

粮道街与三道街比，哪条街大？如果拿这个问题问小学生，答案估计多半是：当然是三道街大哦！粮道街不就是一“道”吗，既然叫三道街，肯定有三“道”啊。三比一大，蛮简单的算术题啊！

以上答案也不是没有道理，从数字看，三比一大。但仅从街巷规模来看，三道街远比粮道街小。粮道街全长近1500米，而三道街仅长590米，不足前者的一半。至于街道的功能和容量，三道街更难以与粮道街比肩。

可再怎么说，一看街名，三道街就是大气：旁边挨着粮道、盐道和学道三个衙门。把三个衙门归拢来做街名，可见武昌老街巷的府衙气，真是“旧时王谢堂前燕，飞入寻常百姓家”了。

对人类的生存而言，除了空气、水和阳光，那“进口”之物，有两样，一是粮，二是盐。因此，在咱中国，古往今来，历朝历代，对这两样物资的生产、销售等环节，都有专门的职能部门进行严格的管理。清代，管粮食的衙门是粮道。因食盐销售大省位于两淮，所以设立了“两淮巡盐察院署”和“两淮都转盐运使司”，各地设置相应的衙门，官员被称为“盐道”和“盐政”。清朝前期，两淮盐区还设置巡盐御史，是两淮盐区的最高盐务专官，是清朝中央政府派下来的官员，且只有一年的任期，但权力很大。到康熙年间，以各省总督、巡抚这样的封疆大吏兼任盐政之职，掌管一省或数省的食盐生产、销售课税、调剂盐价、监督纠察等工作。清代的封疆大吏亲自抓盐务，可见食盐实在是关乎国计民生。三道街除了挨着粮道衙门，还挨着盐道衙门，兴许能见到像张之洞这样身兼盐政的大官。

三道街之名的另一个来历是，它曾经是学道衙门所在地。

“学道”也被称为“学政”，俗称“学台”，是清代一省主管教育、科考的官员，其衙门的正规称谓应该是“学署”，老百姓对官场上的那些称谓不是很熟，既然旁边有粮道，也就顺便把学政衙门叫作“学道”。如果外地人到武汉，问武汉三镇，哪里的大学最多，估计，只要是武汉本地人或者在武汉待过几年的人，都会回答：当然是武昌哦！眼下，武汉市近百所大专院校，一百多万在校大学生，绝大多数都在武昌，而这也是三镇高等教育历史传承和延续的一种必然。历史上的三镇，汉阳老城，因格局精致小巧，诸业齐备亦繁荣，尤以农事著称。汉口，以“货卖堆山”的商贸繁荣得了个“天下四聚”之一的名头。武昌，以府衙多，文气浓，教育发达享誉华夏。

武昌的三道街，曾设置过一所有名的“经心书院”，这所书院的规格，可将其视为当年湖北省城的高等教育机构之一。

书院，曾是中国的一种很特殊的教育机构，发端于盛唐，其形式和功能历代都有变化。从形式看，分私人和官办两种。办书院，开始也就是私人读书的书房，友朋同好来了，在这书房里，或谈经论道研讨学问，或海阔天空闲聊放松心情。当然，能有私人书房并容得下多人雅集的，绝对不是贩夫走卒之辈。书房大，就自然有了藏书的空间，经常性的雅集，就有了书院的名号。

书院之名亦始于唐代，唐贞观九年（635 年）设在遂宁县的张九宗书院，是较早的私人书院。唐太宗重视教育，在完善科举制度的同时，效仿民间书院的形式，设立起官办的书院，取名乾元院。起初，这所书院就是为官方修书、校书的场所。有时李世民朝事完毕了，来了兴致，也会时不时地到书院来看看。那些编修们自然不会放过向天子“请教”的机会，自然会请天子传道授业。时间久了，书院也就成了皇帝讲学的场所。李隆基当了皇帝之后，这位非常有艺术天赋且被后世尊为“梨园之祖”的玄宗皇帝，把乾元院改名为丽正修书院（后改称集贤殿书院）。

官办书院真正成为聚徒讲学的教育机构，是五代十国末期，其功能主要是为培养学子们参加高层级的科举考试。私人书院基本没有官办书院的责任，一如既往地保持着私人书院的风格，只不过，私人书院逐步从友朋雅集之场所，有了聚徒讲学的功能。当然，这种讲学，无论是授业者还是听讲者，都不是稚嫩学子，授业者和听讲者都是学问家的情形，也不算稀奇。到了清代，清政府却采取抑制书院发展、使之官学化的政策。清顺治九年（1652 年），朝廷明令禁止私设书院。雍正十一年（1733 年），饬令各省城设置书院，此后各府、州、县相继设立书院。乾隆年间，官立书院剧增，此后绝大多数书院成为以考课为中心的科举预备学校。

武昌三道街的经心书院，就是这种背景下的产物。

其实，离三道街不远，就在老武昌城忠孝门附近的巡道岭，本来就有一所书院，是当年明朝提学葛寅亮主持创办的。葛提学虽是杭州人，但有楚人情结，当初，见长江与汉水在此汇合，文气荟萃，故将在武昌创办的这所书院命名为江汉书院。

张之洞主持筹办乃至运作经心书院时，还不是湖广总督，而仅仅是湖北学政。张学台上任后，首先到省城各处办教育的地点转了一圈。转到江汉书院，张学台好久没有上轿走的意思。书院面积太小，院舍破旧，学台大人心里很不舒服。于是张之洞决定另起炉灶，在三道街自己的衙门旁边，另建一处书院。但在为书院取名的问题上，却讨论了很久。武昌不是有个文昌门嘛，附近还有文昌阁，就叫“文昌书院”吧。不久，可能觉得文昌书院这名字有点不佳，既然是“精舍课士之所”，不如就叫“经心书院”。张之洞办事，向来果断，对教育尤其上心。既然是新办的书院，硬件一定要上档次，书院要足够大，教职员和学子们的住宿条件一定要好。好到什么程度呢？书院的班不叫班，叫斋，共分成四斋，每斋 20 人，宿舍是单间。生源在各县秀才中选拔，学的课程有经解、史论、诗赋、杂著、自然科学、天文、舆地、兵法、算学等。经心书院既然是高等教育机构，当年该书院聘请的老师，不是满腹经纶的大儒，就是如叶青、姚炳奎、蒋克武、曹汝川等学贯中西的名士。经心书院培养出不少高材生，当贺人驹、陈作辅、傅廷浩、范昌棣 4 名高材生病故后，张之洞作诗哭悼，足见其重视人才。一次，学生外出上茶馆，与茶馆老板吵起来。原因是，学生觉得老板招呼不周。其实，是否周到难以核实，最终争吵就变成闹事。从前开茶馆的，吃的是江湖饭，没几个后头“撑腰”的，谁敢吃这碗饭。这老板也如此，他的后台是督署戈什哈。戈什哈是满语，身份是清代高级官员的侍从武弁，相当于高级官员的保镖。有这么硬的后台，茶馆老板哪里会把这些手无缚鸡之力的学生放在眼里。不由分说，关起门来打学生。事后，张之洞责成武昌知府等查明真相，令茶馆老板向学生认罪，在书院门口放鞭炮以示赔礼道歉，才算了事。

此后，尽管经心书院多次更名，甚至一段时间迁出三道街，但最终还是回到了三道街。当然，这里现在已经没有经心书院而成为武汉市警官学校了，但其文脉还在。

❸ 饕餮福地户部巷

在武昌的老街巷里，感觉最牛的就是户部巷。

户部巷于明代形成，关于其名字的来历，另有一说。户部，为中国古代官署名，起源于周代官制中的地官，唐贞观二十三年（649 年）改为户部，后历代沿称。明清时期户部掌全国疆土、田地、户籍、赋税、俸饷及一切财政事宜，其内部办理政务按地区分工而设司。地方行政机构则为承宣布政使司，简称“布政使司”，主管一省的民政和财政，是户部的下设机构。明代湖广承宣布政使司衙门驻武昌府，清代仍旧。户部巷因在明清时毗邻府衙而得名，1967 年曾改名红安一巷，1972 年复名户部巷。今天的户部巷位于湖北省武汉市武昌区司门口，由户部巷老巷、自由路和民主路西段组成。户部巷还是明清时著名的“憩园”，民国时期的大官们，一拨拨地在这里购地置宅。由此看来，作为明清古巷的户部巷，的确是很有来头的。但是户部巷，在相当长的岁月里，作为一条老街巷，似乎一直没有如今这么大的名声。就连 20 世纪 90 年代出

图1-6　户部巷（一）

版的《武汉地名志》里头，对它的介绍也简约得很，连标点符号加起来，也就100余字："位于武昌区民主路西段以北。南北走向，南起民主路，北止自由路。长150米，宽4米，沥青路面。门牌1—43号。系明清时古巷，名由不详。1967年改名红安一巷，1972年复名户部巷。两侧多老式砖木房屋，旧貌尚存，居民稠密，巷道偏窄，不通汽车。"①

但是，似乎就在一夜之间，户部巷声名鹊起，名扬三镇了——汉味早点第一巷。

汉味早点第一巷——短短的一条巷子，大气。在过往相当长的岁月里，武汉给外地人的印象，生活习俗有两大怪：一是暑天满城的人夜宿于外，二是满城的人在外吃早餐。随着城区高楼大厦的增多，百姓居住

① 武汉市地名委员会编：《武汉地名志》，武汉：武汉出版社1990年版，第361页。

条件的改善，电扇和空调的普及，那暑天满城的人夜宿于街上的“壮观”景象，已然是没有了。倒是满城的人在外吃早餐，依然如故——可以想象一下，偌大个都市，每天有好几百万人在外吃早餐，姑且不谈那场面壮观与否，就那早餐市场所蕴藏的商机利润，定然是个很大的数字。武汉人将吃早餐叫“过早”。这“过早”一说，似乎比“吃早餐”的叫法更随意且更有滋味：不是有“过日子”的说法嘛，既然“日子”是“过”的，那么，作为“日子”中的一部分，这“早”，当然也是需要“过”的。过日子，除了其他条件之外，“认真”最重要。武汉人“过早”也是极认真的，从不因为这“早”是天天要“过”的而“过”得马虎。因此，武汉人“过早”“过”进肚子里的东西，品种就非常丰富。这就把话说回来了，武昌的户部巷，能够在讲究过早的武汉号称“汉味早点第一巷”，当是有些拿得出手的东西才对。考究起来，户部巷这条短小而古老的巷子，真的跟武汉人一件过早的食物密不可分——户部巷的面窝。也就是说，在武汉人印象里，这种用碎米和着黄豆磨浆调味、浇到一个边凹中凸的圆形铁瓢中、放进油锅里炸得四面酥黄、咬起来酥软有味的叫作“面窝”的过早首选食物，只有户部巷一谢姓人家做得最正宗。

眼下，是经过改造后的户部巷——

以往的逼仄，眼下依然；做了牌楼粉墙，制了仿古城门之类，荡涤了旧时陋巷的阴暗和斑驳，让昔日古巷平添了许多古色古香的调子。短短的小巷里，都是过早的铺子。诸如麻婆灌汤蒸饺、吴记发米糕、陈记红油牛肉面、何记豆皮……看得人眼花缭乱，撩得人喉头上下不住地翻滚。粗略数了一下，这些引人流涎的“过早”之物，属于“汉味”的品类，竟有四十多种。此外，尚有来自重庆、山西、陕西、广西、云南等地的特色小吃，也在户部巷出现。而早就赫赫有名的谢氏面窝，就俨然跻身在这众多的美食之中。

说起武汉人过早吃的面窝，确切的“老家”当在汉口。据说，那还是清代光绪年间的事。当时，商户云集的汉正街街尾集家嘴，有个叫昌智仁的男人，在这里做烧饼熟食营生。估摸着，占着这流金淌银的好地方，照说生意应该做得蛮兴旺，可这男人的烧饼熟食生意却并无多大起色。好在这男人不气馁，有一日他突发奇想：为什么饼子就一定要烤咧？难道就不能用油炸？为什么就一定要用面粉咧？难道就不能降低成本用碎米加黄豆？为什么饼子就一定要做得规规矩矩、圆溜溜咧？难道就不能让它形状古怪一点？就这样，沿着这个思路，昌智仁作出了武汉人过早的首选食物——形状怪异、滋味奇特、脆软兼备的面窝。面窝飘香三镇，炸制面窝的技艺也流传三镇。20 世纪 20 年代，谢氏面窝的鼻祖谢荣德，完成了由走街串巷叫卖油炸面窝，到在户部巷租赁门面经营的历程：选用优质大米，掺加一定比例的糯米，另用香麻油，外加细葱

图 1-7　户部巷（二）

图 1-8　户部巷的谢氏面窝

花、油芝麻、辛姜末，精心炸制，不惜工本，一下锅即满巷溢香，硬是弄出了焦脆适度、香酥美味、老少咸宜的特色面窝——人称谢氏面窝。

回顾过往，户部巷的生意一向兴隆，除了“过早”的品种多，滋味地道，价格适中外，与其地理优势有很直接的关系。户部巷左边紧挨着藩署衙门，官员们过早，大多就在这里解决。这是一批固定的客源。户部巷右边，紧挨着武昌府署、司狱府，这又是一批固定的客源。东边离黄鹤楼不远，南边到繁华的司门口也很近。游完黄鹤楼下来，带着一腔“白云千载空悠悠”的惆怅，漫步到户部巷，热干面配蛋酒，糊汤粉配油饺头，面窝配豆浆，从思古里走进现实世界，未尝不是一种回归。还有那从长街逛到司门口的，或过足了眼瘾，或购得了合心的物件，心情愉悦了，腿脚却有些软了，肚子也咕咕叫了，在户部巷歇歇脚，顺便来点“进口”之物。户部巷的客源，另外还有个来处，那就是离户部巷不远处那条不足 500 米的老街巷——候补街。当年在候补街上待着的，更准确地说，在这条街上“候”着的，均是准备去当官的人。这些人，都是有资格做官为吏的。其中，有的是十年寒窗苦读才有的资格，有的是拿钱买来的资格。清代各衙门的官位，也是有名额限制的。按清代的职官制度，总督、巡抚有权对那些候补者“官缺后补”，也就是说，等哪个位子有了空缺，就在那些候补者中选出“合适”的补上。但可以想象，空出一个官位来，该有多难。即使空出一个位子来，竞争者有整整一条街的人呢，而且还得经过“身、言、书、判”几个环节的考核，即使通过了考核，只能算是“初试”合格，还要经过“请旨”“调补”“部选”几道程序。据《湖北通史》记载：“清代，湖北请旨补缺知州 6 名，调补知县 13 名。”[①] 也就是说，清朝近三百年，整个湖北“候补”成功者，还不到 20 名。于是，在这条小街里的候补者，候补的时间少则一年半载，多则好几年。如此长的候补期，无论是靠机会或凭运气，还是拼银子打点，成功的概率都非常小。但在那个年代，蛮多候补者是很执着的。于是，有的人就干脆常住下来候着等补，没过多久，这条街就改叫“候补街”了，他们也就成为户部巷的重要客源了。

走在经复古翻修的短短的户部巷里，被复杂而安逸的人间烟火“盘弄”得甚是惬意，一时间，竟生出些许感慨来：这人世间，熙来攘往，生活的滋味虽是一言难尽，毕竟还有不少让人留恋的味道。可在这味道的后面，又有几多劳苦和勤勉。就如这户部巷吧，做熟食行当的，古来即被称作“勤行”，意即“勤苦劳碌”之行当也。谢氏面窝也好，石婆婆热干面也好，哪个不是三更半夜或凌晨两三点钟就起床，磨豆浆、压面、调佐料和“掸”面条，都是在他人美梦正酣时分的作业，才“盘”得白日里的户部巷，百味缭绕，生机勃勃。春花秋月，夏繁冬藏，年年

---

① 政协武汉市武昌区委员会编：《武昌老地名》，武汉：武汉出版社 2007 年版，第 25 页。

岁岁花相似，岁岁年年人不同，年复一年。“黄尘清水三山下，更变千年如走马”，时代变迁，世事如棋，都无甚奇处。只有游走在户部巷这条老街巷的种种过往，与游走在空中的烟火气相融合，于寡淡而又复杂中“兑”进了些现实生活的滋味，这滋味似在无言地向世界昭告：到这里来大快朵颐吧！这里，武昌旧貌换新颜的户部巷，真正是老饕们的福地。

三、时光漫过都府堤

❶ 由堤成街有历史

都府堤曾经是道堤。

都督府，民间习惯简称都府，因历代官制有异，级别、任用人选和职权范围都有很大差异。但有一点相同，那就是，这官儿是武官。都督兼管政务，往往是在战乱不断，某一政权尚未稳固的年月，才有都督这类武官兼理政务的现象，比如，辛亥首义爆发，武昌打响推翻帝制的第一枪之后，各省发生连锁反应，纷纷成立革命临时政府，而临时政府的最高长官，大多就叫都督或大都督。当然，都府堤由堤成街，与“都督”这一官职的变化并无关系，而是城市演进的必然结果。

武昌古城，汉阳门码头是很重要的水运通道。进汉阳门，至司门口一带，府衙众多，商贸繁荣，民居密集。若论历史，此地段应为古城武昌的发祥地，南靠黄鹄山亦即蛇山，山上建有黄鹤楼，黄鹤楼的传说和故事及诗词楹联，向四面八方辐射着古城武昌的文化魅力。北临司湖，湖面浩渺，沿湖一带的景物浑然天成，岸莎撩水，绿柳带风，架设在湖上的青石桥，古朴中不失灵秀。白天，虹桥映水，弯出虚实得体的浑圆，大有道家韵味。夜晚，涟漪荡月，分合难料，虹桥月影，又是一景。都府堤，司湖畔，春花秋月，招惹得红男绿女，雅士俗客，踏青赏月，纷至沓来，真应了唐代刘禹锡“紫陌红尘拂面来，无人不道看花回”的意境。没有听说过司湖水漫都府的故事。这或许与司湖旁的“万年闸”有关。都府堤司湖西北面的万年闸，有调控大江与司湖的水位之功，且与青石桥和背面贡院一带相连通。估计是考虑这一带地势相对较低，对水患需防患于未然。于是，官家出钱，百姓出力，在都督府、武昌府衙、藩署西边，筑了一道土堤。堤名随缘，就叫都府堤。对这一工程，老百姓不可能有意见。俗话说得好，水火无情，水会漫衙门，自然也会漫民居。再说了，工程也不大，也就是低矮的 500 多米长的土堤而已。都府堤的建设规模与选材用料都很好，这就为今后其由堤成街节省了成本。

都府堤由堤成街的过程，与汉口长堤街由堤成街的过程很相似。

说相似而非相同，是因为汉口长堤街由堤成街的过程，有相当可靠的史料记载。

1635 年，亦即明崇祯八年，汉阳通判袁焻主持修筑，西起硚口，东止今武汉市江汉区东堤街直至长江边外，是为“后湖堤”，或称“长堤”——为纪念袁通判，也叫“袁公堤”。有了袁公堤，才有了堤内汉正街的成长、发展和繁荣。此后，也就是清同治三年（1864 年），汉口筑城堡，就在袁公堤外筑城开壕，一为防捻军，二为防洪。汉口有了城堡之后，袁公堤即失去防洪作用，就有居民在堤两边建屋起楼，逐渐形成以堤身为轴线的几乎与汉正街平行的街市。长堤街，用了近 230 年的时间，完成了从无到有、从堤到街的嬗变[①]。“石填街道土填坡，八码头临一带河。瓦屋竹楼千万户，本乡人少异乡多。”[②]“河坡江岸后湖堤，

① 武汉市地名委员会编：《武汉地名志》，武汉：武汉出版社 1990 年版，第 293 页。
② 徐明庭、张颖、杜宏英辑校：《湖北竹枝词》，武汉：湖北人民出版社 2007 年版，第 105 页。

多少人家构木栖。一样楼台夸近水，前河清泚后湖泥。”[①] 这两首《汉口竹枝词》表明长堤街的基本生态环境和长堤变为长堤街的原因：非自然因素，乃人为因素所致。

都府堤由堤成街，至少眼下没有看到翔实的演变过程，只能大致这样臆测：司湖逐年萎缩乃至干涸，而此地又寸土寸金，在原湖荡稍高处起楼建屋，原本防水患的功能完全丧失，“衰老”的土堤经整治而成为街巷，为纪念土堤之功，也为留下老武昌城历史的碎片，街名曾被称作“都府大街”。当然，这是官方的称谓。民间似乎并不怎么认同，觉得仅仅不到 600 米的街巷，叫作“大街”，实在有些夸张。于是，百姓们仍执着地称此街为都府堤。至此，一条由都府堤而成的街巷，既保留了“都府”的大气，又保留了消失在现实视野里的“堤”。这，应该是武昌人思故念旧、敬畏历史的一种文化态度。

❷ 毛泽东与都府堤

在漫长的历史长河中，作为武昌的一条老街巷，都府堤的历史，由堤成街的那一段，并不厚重。厚重的，或者说，让都府堤蜚声华夏的，是这条老街巷近代的人文故事和由此积累的文化精神。

武昌都府堤 41 号，是毛泽东在 1927 年主办农讲所时居住的地方，那部著名的《湖南农民运动考察报告》就是在这里写成的。毛泽东的战友、亲人，如蔡和森、彭湃、夏明翰、杨开慧、毛泽覃等，都在这里住过。都府堤 20 号，曾是 1924 年时任中共武汉地委书记陈潭秋的故居。1927 年 4 月 27 日，中国共产党第五次全国代表大会首次会议就

① 徐明庭、张颖、杜宏英辑校：《湖北竹枝词》，武汉：湖北人民出版社 2007 年版，第 110 页。

是在这里举行的[1]。

以上文字，或许是干涩无味的，如果我们穿越时空的隧道，回到当年，那鲜活生动的人生况味和人世沧桑，让人无法不动容。

“茫茫九派流中国，沉沉一线穿南北。烟雨莽苍苍，龟蛇锁大江。黄鹤知何去？剩有游人处。把酒酹滔滔，心潮逐浪高！”这是毛泽东的《菩萨蛮·黄鹤楼》，创作时间是1927年。从毛泽东当年住在都府堤的相关记载、中国共产党第五次全国代表大会首次会议于当年4月在都府堤举行，以及该词中的“烟雨”二字，该词应该写于暮春时节。“一九二七年，大革命失败的前夕，心情苍凉，一时不知如何是好，这是那年的春季。夏季，八月七号，党的紧急会议，决定武装反击，从此找到了出路。”作者创作这首词时的自注，可以印证该词的写作时节。当年那段时节，武汉地区的天气往往晴雨不定，乍暖还寒，如果下雨，暴雨如注少见，多呈烟雨状。该词中的“烟雨莽苍苍”应该是虚实兼顾——眼前是春雨如烟，与之相配的应该是“柳如丝”，应该是“江南草长，杂花生树，群莺乱飞”的景色。但这“烟雨”在毛泽东眼里，却是“莽苍苍”的。这既显示出伟人胸襟的宏阔，又可窥其对当时政治格局和革命走势的忧虑，以“心潮逐浪高”结尾，忧国忧民的心绪最终向激昂处喷发，符合当年的革命青年，终成新中国主要缔造者的人生轨迹。熟悉或对中国近现代史稍有涉猎者，对1927年前后中国的情况，一定不会忘记这些历史节点——辛亥革命，结束了中国两千多年的帝制。孙中山的“共和之梦”，被袁世凯的“皇帝之梦”所粉碎。袁世凯的“皇帝之梦”，又被不可逆转的时代潮流所粉碎。中华民国时期，军阀割据，国力孱弱，民生凋敝。1926年，国民政府决定出师北伐，攻

① 政协武汉市武昌区委员会编：《武昌老地名》，武汉：武汉出版社2007年版，第7页。

图 1-9　杨开慧和她的两个孩子

下武昌后，也就是在 1927 年，国民政府迁都汉口，从此三镇开始有了“武汉”的称谓。但就在 1927 年 4 月 12 日，在蒋介石的指使下，反动武装在上海对共产党员进行血腥大屠杀。当时形势的严峻程度，可想而知。

这样的叙述，显然是枯燥的。历史的有趣之处，犹如人生，即使是最平凡的人生，细节之处，往往会有供自己或供世人借鉴的亮点。1927 年前后中国历史的细节，大多与都府堤无关。与都府堤有关的，是毛泽东和他的战友如陈潭秋，毛泽东和他的爱人兼战友杨开慧在都府堤居住和工作期间的细节。遗憾的是，记载这些细节的相关史料却十分缺乏。毛泽东是湖南人，来到楚文化积淀深厚的武昌城，尽管当时的政治形势风雨如晦，但他忧国忧民，心情郁闷，登黄鹤楼作词以抒怀，自在情理之中。何况，都府堤距离黄鹤楼也很近。毛泽东于 1927 年春从都府堤出发登黄鹤楼时，长子毛岸英仅 5 岁，次子毛岸青 4 岁，幼子尚在襁褓中。大革命失败之后，毛泽东为实现救国救民之理想，踏上漫长而艰难的革命实践之路，子嗣飘零，爱人遭屠。都府堤，武昌的这条老街巷，成为那个年代毛泽东一家人的最后团聚之地。

时光荏苒，白驹过隙。几十年后，毛泽东又来到武昌，先后三次畅游长江，写下了著名的《水调歌头·游泳》。当年，毛泽东从都府堤出发登黄鹤楼，因大革命失败而感到“山雨欲来风满楼”，心情苍凉，但是为中华民族寻求一条自立于世界民族之林道路而坚韧执着的精神，让他“心潮逐浪高”，此后，秋收起义、上井冈山、四渡赤水、爬雪山过草地，以及在延安指挥八路军、新四军开辟广阔的敌后抗日根据地以抗击日寇，置个人安危于不顾亲赴重庆谈判争取华夏免遭内战，到建立新中国，人生的丰富和精彩，在他身上，体现到了极致。写《水调歌头·游泳》时，正值万里长江第一桥正式通车前夕，当年从都府堤出发登黄鹤楼时的苍凉心绪，已不复存在，“子在川上曰，逝者如斯夫”的感慨，有更多兴奋的内涵意蕴。那“更立西江石壁，截断巫山云雨，高峡出平湖，神女应无恙，当惊世界殊”的吟唱，不仅有楚辞风韵，而且更像是一代伟人向一个全新的时代敞开我们民族博大的胸怀。

位于都府堤的武昌中央农民运动讲习所，毛泽东是实际主持其工作的领导人。1927 年 3 月 7 日正式开课，800 多名来自全国 17 个省的学员，在这里聆听时代的新声。恽代英、方志敏、彭湃、张太雷、李立三、李达、郭沫若、邓演达等，这些在中国近现代革命史上留下过浓墨重彩的人物，都曾在这里，释放过他们人生的光彩。那 800 多名学员，毕业后，成为革命的种子，播撒在中国广袤的革命苗圃中。为改变国家的命运，他们高举生命的火炬，照亮黑暗的中华大地，而他们的形象和精神，也被镌刻在天安门广场人民英雄纪念碑上。历史的滋味和人生的滋味大同小异，仔细品味，回味无穷。这处播撒革命种子的苗圃，曾是清初的左卫衙门，张之洞任湖广总督期间，曾在湖北大兴教育，创办五路高等小学堂等。这处官衙，就是北路高等小学堂和后来改办的湖北甲等商业学校及高级商业学校的旧址。看来，都府堤这条由堤成街的老街巷，是一处适合办教育的“风水宝地”。而今，由周恩来亲笔题写的“毛泽东同志主办的中央农民运动讲习所旧址”的匾额，仍悬挂于大门上。

第二章
文气纵横　卧虎藏龙

中国古代哲学里，有“气”这么一个概念。古人认为，“气”是构成生命的本源，它能提供生命活力、展现人的精神。由这个概念出发，就延伸出天地万物都有“气”的理念。虽然，“气”是无形而又无所不在的，显得很抽象，但是万物有了“气”，才能获得生命活力。而人是万物之灵，所以，“气”对于人来说就显得特别重要。体现在个体身上，一个人有了“气”，才有“神”。听起来，真是“玄”得很。其实，不妨换个通俗的角度去理解，“气”，也就是人们常说的精气神。一个人没有精气神，其精神状态肯定是萎靡不振。由此看来，“气”之于人，还是可以有外在具象的，比如男子气、阳刚气、文气之类。

武汉三镇中，老武昌的文气是最厚的。让我们首先探讨一下什么是“文气”。

孔子在《论语·雍也》中说：“质胜文则野，文胜质则史，文质彬彬，然后君子。”杨伯峻先生这样解释：“朴实多于文采，就未免粗野；文采多于朴实，又未免虚浮。文采和朴实（内容和形式），配合适当，这才是个君子。”[1] 按孔子一向提倡“中庸”的思维，所谓“彬彬”，当

① 杨伯峻编著：《论语译注》，北京：中华书局 1958 年版，第 65 页。

是文、质各半的状态，亦即考量一个人是否为“君子”，或者是否有“君子”的风度和气质，应该是外表和修养内涵各占一半。孔子之后，“文质”这一概念多半用于评判文学作品内容和形式的关系中。孔子把“文质适中”用于评判人，应属首创。如果用更直白的表述方式来理解，文质适中，就是具有文气，可用于评判人，也可用于认识一座城市的文化格调。一座文质适中的城市，亦即具有合理的建筑布局、完善的文化教育机构、繁荣的商贸市廛、稳定的民生状态，那么，这座城市就具有全面的文化评判价值，武昌古城即是。评判、定位一座城市的文化格调，切入的角度和涉及的文化学科范畴很广，而最直接的方式，莫若进入它的老街巷，走进老街巷的历史，去阅读，去思考，去吸收其中的文化养分，去享受其中的精神愉悦。比如，汉口的老街巷，从硚口至集家嘴，以汉正街为主线，“生长”出来的如百足虫一般的小街巷，更多的是以汉水内河码头运营延展开来的市廛气息。以黄陂街、花楼街一带密集的行业街抱团而散发出来的，是百业兴旺的商贾气。这是探讨汉口文化不可回避的基本内容。而武昌的老街巷，除上文涉及的大气与府衙气之外，另一突出的特质是“文气”亦即厚重的文化气质。汉口商贸气质的形成，用了五百年时间。而游走甚至凝固于老武昌的文气，不是在商贸的交易中形成的，而是历经千余年人文创造凝结成的。与人的文质彬彬的文气一样，武昌老街巷的文气，是“修炼”出来的。除了先天禀赋，亦即山水、地形、地貌、物产、民俗等原生态，更有因时因势的后天修为。也就是说，老街巷文气的形成，有悠久的重文崇文的传统。换个角度表达，老武昌城，从公元 223 年孙权依蛇山修建了坚固的老武昌城的前身“夏口”城之后，直到元至正二十四年（1364 年）朱元璋将其改为武昌府。明代初年，朱元璋将他的第六个儿子朱桢封在武昌为王，即楚昭王。朱桢在武昌为藩王长达 40 多年，死后也葬在原属老武昌而今属武汉市江夏区的龙泉山。其实，远在还没有老武昌城的战国时期，楚地就有个楚昭王。而且，战国时期的楚昭王，远比明代的楚昭王有故事。为了与“楚王”这个名号相匹配，明代对老武昌城进行了大刀阔斧的改建和扩建。清代时期，仍设武昌府。千余年来，老武昌城“因武而昌”的血气霸气犹在。战争年月，厉兵秣马，冲锋陷阵，开疆拓土，武功当先；天下太平，偃旗息鼓，马放南山，治国理政，文事突出。这是一般的规律。帝制时代的武昌，府衙众多，无论文官武吏，选拔一向重文崇文，与之配套的，是系统的文化教育机构和成熟的培养人才的机制。万般皆下品，唯有读书高。在老武昌城，这不是一句口号，而是浸透于骨子里，形成一种风气，形成一种传统。于是，如一种氤氲之气，游荡在老武昌的大街小巷。于是，人们对老武昌的整体印象是——历史文化积淀厚重，文脉传承清晰。探究武昌老街巷的文气，有多方位的美学价值。武昌不少老街巷，一看街巷名，即可知道与文人文事或与文化教育有关，如太平试馆、书院巷、文昌街、文昌阁、读书院、读书堂街、大成路、贡院前街、楚材街等即是；有的街巷，街名上没有“文”，其实也与“文”沾边或者干脆就以“文”出名的，像察院坡、横街之类街巷，整条街两厢店铺，专一售卖书籍文具，成为有名的书店文具行业街。昙华林，一个很有诗意的街名，开始或许与昙花有关，但“昙花一现”，难以持久，可满街的文气，绵延不绝以至今天。至于那些分布在其他街巷里年代久远的各级各层教育机构，如仔细考究，老武昌，可以专门有自己的一部文化教育发展史。武昌不仅有“因武而昌”的悠久历史，而且还有尊崇文化、崇尚教育以至于文化教育机构遍布大街小巷的传统。这一特色，在三镇中尤为突出。

一、贡院前街到试馆

贡院前街、太平试馆、楚材街，一看街名，就知道这条街有文气，文气中似乎还露出一些霸气，而且有来头，还名实相符。其实，楚材街这街名，是新中国成立之初才有的，早先由贡院前街等街道组成，而太平试馆在贡院前街南不远处，属今武昌区粮道街办事处辖区。论规模，两条街加起来形成的楚材街，也不过 400 米，比如今武昌的一些通衢大道小得多。但就历史文化而言，却盛名远播。

盛名源于贡院。

贡院，也叫“试院”。湖北的贡院，据说始建于明代洪武年间，是一个专门培养和选拔人才的机构。综观朱元璋的人生经历，大致可以略窥到这位明代开国皇帝重视文化教育、重视自身文化修养的基本轨迹。出身贫寒，自幼没有学习的条件；青年从军，在血雨腥风中摸爬滚打，没有时间学习。明朝建立之后，朱元璋深知文化知识对“坐天下”的重要性，除了政务，他每天的很多时间都花在读书学习上，而且所读之书还很庞杂。从定都南京建立明朝开始，直到洪武三十一年（1398 年）71 岁去世，朱元璋每天处理完日常政务后，大部分剩余时间都用来读书。读书时如有另事急需处理，哪怕再晚，也要挤出时间把当天没读完的书继续读完。不仅如此，朱元璋还请儒臣把古人做事成功失败的经验写在皇宫大殿的壁间，以供他随时省览，还让身边的知识分子轮流给他讲课。

出于对读书和文化教育重要性的认识和体验，朱元璋在开国之初百废待兴之时，就设立贡院及一套举拔人才的机构与机制，应该算是功德无量。

清代设在湖北的贡院，是湖北、湖南“乡试”的唯一场所。乡试每三年一次，在贡院举行。主考官由朝廷委任，每期乡试应试者达数千人，录取（中举）仅三十六名。九月上旬发榜，大主考会同制台举行

“鹿鸣宴”，为新科举人挂大红花，乡试至此结束。“录取率”如此之低，可见当年选材择士的严苛。但在当年，贡院则被读书人视为飞黄腾达、光耀门庭、实现“学而优则仕”梦想之地。

明清时期，由国家正式举行的科考分为三级——乡试、会试和殿试。也不是什么人都可以参加这三级考试的。参加正式科考之前，考生先要取得“入学”的资格，即成为生员，通称“秀才”。这是古代读书人迈入仕途的第一道坎。要想真正取得做官的资格或能做更大的官，还必须经过上述的乡试、会试、殿试三道关。不过，读书能读到“秀才”这一步，也算是有了“功名”，与市井百姓的身份有了“质”的区别。好处是，可以免除差徭，这就很实惠。另外的好处是，如到县衙参见知县，施礼即可，不必下跪。这待遇，看似不重要，对秀才这类知识分子而言，事关尊严，很看重的。再者，秀才如被诉诸公堂，不能随便对其用刑。这也是“刑不上大夫，礼不下庶人”的延伸吧。

还没有当上官，就有了这么多的待遇，所以在秀才的基础上继续努力，一步步参加更高级别的科考，从而“步步高升”，就成为当年读书人的梦。

于是，也就有了老武昌的贡院，有了“惟楚有材”的故事，有了贡院前街、太平试馆。

在省城贡院举行的考试叫“乡试”，每三年一次。考官大多由翰林及进士出身的官员临时担任。开考前，每名考生会被分配到贡院内一间独立房间里，这种房间被称为“号舍”。开考时，考生提着考篮进入考场，篮内放各种应考用品，经检查后对号入座。然后关闭贡院大门，考试完结前考生不得离开，吃、喝、睡等都得在“号舍”内。而且，每次各省乡试取录的名额不一，还要按各地文风、人口而定。这就很有运气的成分。也有读书人得到秀才身份后，又多次到省城贡院参加考试，一次落榜等三年再考，如此这般三年三年地考下来，总是铩羽而归，从翩翩少年考到两鬓斑白乃至白发苍苍，依然是“秀才”一个。清代吴敬梓的《儒林外史》，当是吃尽科考苦头的人生百态图，没有亲历过的，还真写不出来。省城贡院科考后被录取叫“中举”，中举者俗称举人。举人是可以直接委派官职的，起码可以当个知县，过几年再干个知州、知府。“十年寒窗读书苦，一朝成名天下扬”，可见古代读书人的精神动力和物质动力有多实惠，所以才有诸如湖北贡院、太平试馆一带经久不息的热闹景象。

太平试馆并非真正意义上的“试馆”，那是一条小街，是秀才们备考的临时住所。秀才们大都来自各府、县，离省城武昌都不是一两脚的路程，最远的当属湖南籍的秀才们。这些来自两湖的秀才，每三年一次候鸟般地到贡院来试运气，让这条规模不大的老街巷平添了许多斯文气，也给行商坐贾们带来了不少商机，也就有了“惟楚有材”的故事。这个故事的版本有好几个，涉及的具体年代、参与人物姓甚名谁、故事情节及细节等项，没有翔实的史料，多属于“民间传说”。比较可信的是，“惟楚有材”最早出自清代的湖广巡抚林天擎的笔记，时间是清顺治年间，地点在湖广治所武昌。据《湖北通志》记载：清顺治十二年（1655 年），林天擎到武昌府学来祭孔的时候，秀才们向他反映堂堂省城贡院，却校舍破败，实在有损形象。林大人从善如流，听进耳朵，记在心头，而且很快就落实了。两年后，贡院修缮一新。

湖北贡院的修缮工程始于顺治十二年（1655 年）秋，完成于顺治十四年（1657 年）春。俟新贡院落成，林天擎已不在湖广巡抚任上，但“诸生因先期谒余，而请记之”，他作《重修府学记》，文中回忆了两年前诸生谒见一事，不禁顿生感叹：“余思惟楚有材，自昔艳羡。”据清代乾隆年间编修的《江夏县志·贡院图》记载：贡院坐北朝南，有

图 2-1　太平试馆

三座门楼，系木栅构成，门杜高两丈多。三座门楼中，第一门题“辟门吁俊”，第二门题“文运天开”，第三门题“朱衣点首”。据武昌实验中学校史介绍：1958 年前，离校门百步之遥的楚材街 199 号门前，有一座闻名荆楚大地的牌楼。它是一座高约 3.5 米、宽约 8 米的四柱三门双层飞檐翘角琉璃瓦的木质牌楼，背面书“惟楚有材”、南面书“辟门吁俊”，为红底斗大金字。由此看来，林天擎力主修缮的湖北贡院完工近百年后，才有了“惟楚有材”牌楼。“惟楚有材”反映了明代以来楚地人才辈出的实际状况，也是对清朝首次殿试中湖广籍学子所取优异成绩的表彰：清顺治六年（1649 年），清朝第一次开科取士，状元是湖北黄冈人，叫刘子壮，榜眼（第二名）是汉阳的熊伯龙。相传“惟楚有材”

为曾国藩所题。其实，曾国藩题字的湖北贡院，已不是林天擎那个年代的湖北贡院。清咸丰三年（1853 年），原湖北贡院毁于太平天国战火，距湖北贡院竖起“惟楚有材”牌楼又过了近百年。咸丰八年（1858 年），官文、胡林翼主政湖北，又重新修缮贡院和牌楼，请曾国藩为牌楼题写了“惟楚有材”四个字。这保留着曾国藩题字的牌楼，因年久失修，1958 年倾覆于一场大风中，距重修贡院恰好又是一百年。这也许是机缘巧合吧。

至于湖北贡院前牌楼上“惟楚有材”四个字的出处，以及湖北、湖南到底哪里才是正宗的“惟楚有材”，说法很多，因考据气太浓且都无确凿证据，显得十分无趣。民间传说中有关“惟楚有材”的故事，反倒有些味道。故事的起因，据说是湖南籍秀才们对主持考务和录取工作的湖北籍官员有意见：湖北贡院的多次科考中，湖南籍中举人数总比湖北

图 2-2　改造前楚材街 2 号

籍中举人数要少，觉得湖南乃楚文化发源地，湖南人更有资格自诩“惟楚有材”。

至于这昔日湖北贡院前的牌楼和湖南岳麓书院那“惟楚有材”四个字到底是谁写的，何时写的，说法很多，难以详悉。其实，这些都不重要，重要的是，自从有了贡院，也就有了历代在此办学的传统，让老武昌这块方寸之地，成为一条小街，植下厚重的文气，并向周遭辐射。而且，位于这条老街巷中的湖北贡院旧址，如今已成为武昌实验中学等学校的所在地，新一代的莘莘学子们，为新时代的新创造，延续着当年贡院的文脉。

二、察院坡接横街头

对个人而言，如说他出身于“书香门第”，有家族文化传承的自觉性和禀赋，个人又很努力，此人很可能成为众之翘楚。而在武昌老街巷中，堪称“书香门第”的，远不止一两条，最有代表性的，是横街头到察院坡一带，即现在武昌民主路中心地段。老民主路，由早先的汉阳门街、察院坡、府院街所组成，它是历史上唯一贯通汉阳门到忠孝门这两座城门的大街。沧海桑田的变迁，让武昌城的旧貌发生了巨大的变化，但民主路终端亦即察院坡到横街头这一段，仍可寻觅到自明代以来浓厚的书香文气。

在武汉这座城市的文化记忆里，曾有三条可称为“文化街”的老街巷。两条在汉口，一条在武昌。位于汉口的两条“文化街”，一是汉口统一街，二是汉口交通路，而位于武昌的那条“文化街”则是从武昌察院坡到横街头这一段。

相较而言，武昌察院坡到横街头这一段，不是一条街，而是“这一带”，应该被称为“文化圈”才妥帖。这条一年四季充满着书香的街巷，

图 2-3　民主大巷

不像汉口统一街、交通路那样，以书刊、门神等通俗文化读物或用品经营为主，商贾气浓于书香气。当然，这里也做书刊买卖生意，若论历史、论规模，汉口那两条街都属“小儿科”：自明代武昌设立贡院以来，直至日军侵占武汉前，察院坡到横街头这一段街巷两厢的书店，最盛时多达 50 多家，而且基本不销售《黄历》《三字经》《百家姓》这类读物，以及那些价格低廉的年画。在科举制被废除之前，经史子集刻本和历朝中举前三名的答卷（也被称为“闱墨”）的刻本，是武昌这一带文化街的“畅销书”。这自然与周围的环境有关。北边不远处，是贡院前街，那是秀才们飞黄腾达的起始地；旁边，是秀才们的“加油站”兼歇息处的太平试馆、新街，不需要秦叔宝与尉迟恭这样的武夫来“守护”，贡院一带自有孔夫子的“文气”罩着。

况且，旁边还有青龙巷的“龙气”护着。

青龙巷是始建于明代的一条老巷子，因其逼仄，故而近五百米的老巷子就显得很长。青龙巷也是很有文化的武昌老巷子，名气在老武汉人的心中传了一代又一代。青龙巷的文化，是与它附近秀才举人、文人墨客们流连的察院坡、横街头、太平试馆这些文气浓郁的老街巷相配套的。狭长幽深的巷子，两边全是店铺，经营的货品，是人一生中各阶段都用得着的。可奇怪的是，此巷绝无老汉口汉正街、花楼街、黄陂街那些行业街的喧嚣嘈杂。青龙巷从来都是静静的，或者说，显得很有“涵养”，一如邻家那清秀娴静的妹子，也如隔壁礼貌周到的老翁老妪，与其周围老街巷的文化气息很协调。这就很有趣了。而且，有关青龙巷巷名的来历还有个传说：此处曾有家剃头铺，师傅收了个

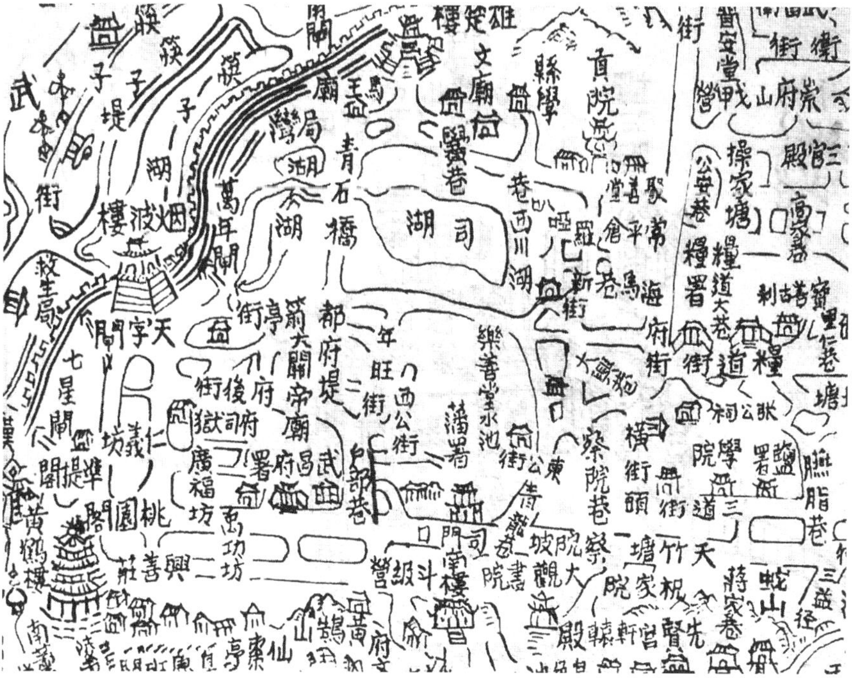

图 2-4　武昌察院坡到横街头一带地图

图 2-5　今日青龙巷一瞥

小徒弟，却从来不教他手艺。如此这般好多年，一日，师傅对徒弟说："你没有剃头的天分，另谋生路去吧。"可怜的徒弟走投无路，夜宿巷尾破草棚中。夜半，梦一皓首银须老者，爱怜地摸了摸他的头，说："明天，你还是到你师傅那里去吧，跟他说，你会剃头了。"清晨醒来，梦境宛在眼前。徒弟想着也没有别的出路，就按梦中老者指点，回到剃头铺，也不理会师傅奇怪的眼神，拿起剃刀就"上岗"。那手艺，竟好似个老师傅。故事说到这里，与青龙巷一点关系都没有。有关系的是这个传说的结尾处：徒弟给顾客剃下的头发，竟然根根立起，还根根相连，曲曲拐拐，宛若一条青龙，故此巷被后人称为"青龙巷"。按江湖各行当的惯例，每个行当都供有各自的祖师爷。木匠供鲁班，铁匠供张飞，游医供华佗，酿酒的供杜康……剃头业供奉的对象姓罗，名字无考。被剃头业供奉且尊为“罗祖”的原因是，罗先生曾拯救过该行业。清朝入关以前，汉人是不剃头的，也就没有剃头这个行当。清军入关以后，在“留头不留发，留发不留头”的政策逼迫下，汉人只有选择保头而剃发，由此华夏才有了剃头业。民国以后，将剪头发通称为理发，但剃头的叫法民间使用至今。据说罗先生原本是个穷道士，当年清朝的雍正皇帝患头疮很严重，太监每次为雍正“请发”——其实也就是剃头，轻了剃不下头发，重了会弄疼皇帝，于是挨揍就成了“请发”太监的家常便饭，弄不好还要被砍头。为此，雍正皇帝广寻民间剃头、梳头高手进宫伺候，无一满意者。那些高手不是被砍头，就是被发配蛮荒之地。为此，当年京城很多剃头的都吓得或外逃或改行了。这个情况被罗先生知道后，主动要求进宫给雍正皇帝剃头、梳辫子。也不知道罗先生手艺如何，反正，罗先生将雍正皇帝伺候得不疼不痒还蛮舒服，而且头疮也慢慢痊愈了。因此，罗先生就成了整个京城剃头业的救星，慢慢地他也就成为受剃头业供奉的祖师爷。往年，各地都有不少罗祖庙，武昌贡院东边隔着武胜门正街的戈甲营附近，就有一处罗祖庙，只是该庙离青龙巷还有点远。

在青龙巷周围老街巷里备考、赶考的秀才文士们，他们青灯寒窗，苦读十数载，图的就是中举做官，鲤鱼跃龙门。青龙巷，这条聚老武昌民俗文化于一体的老巷子，还是那么“文静”，那么低调地蜿蜒着，承接着，也散发着它特有的文气，滋润着老武昌的文脉之根。

三、老街古巷新文气

老武昌察院坡至横街头、三道街、青龙巷这一片老街巷，浓厚的文气，如同肥沃的土壤，文化植被丰厚，各类书店如花花草草，以文涉政的书社点缀其间，亦有以专业回报国家民族的企业在这里扎根成长。朝代时有更替，花草岁有枯荣，这里文气从未衰枯。或许与地气有关，但更多的是一代代有革新意识的仁人志士，发扬文化担当精神，自觉承续文脉，在传统的基础上不断创新努力，使得老武昌这块文化膏腴之地，总能蓊郁葱茏，春意盎然。

先介绍这里的亚新地学社。

亚新地学社的创办人是湖南新化人（今湖南隆回）邹代钧。这是一家私营的地图测绘出版机构，1896 年，成立伊始，叫“武昌舆图地学社”,1902 年改名为武昌亚新地学社。新社名中应该含有“亚洲”“新化”意蕴。亚新地学社是中国最早的私营地图测绘出版机构，中国近现代彩色地图测绘出版业即肇始于此。亚新地学社出版了大量重要的地图，1953 年被合并为“地图出版社”，是今天“中国地图出版社”的前身。老武昌的亚新地学社，在中国出版史、文化史上，占有重要地位。

无须深思，地图，对于一个国家的政治、经济、文化等各方面，乃至国家主权与国家核心利益的重要性，都是不言而喻的。所以，作为封疆大吏的张之洞，清光绪十七年（1891 年）就想到设立一个“湖北舆图总局”，经费由藩署和善后局拨付，以便专业人做专业事。该局成立之后，张之洞首先想到的专业人才就是邹代钧。那时，邹代钧还在新化“补用知县”的七品位置上。张之洞之所以首先想到请邹代钧来主持湖北舆图总局的工作，是因为这位朝廷大员本身就是个学富五车、见多识广的学者。张之洞知道湖南新化邹家的情况。这户人家，自清代嘉庆年间就有长于舆图学的名声，史称“新化邹氏地学”，其中有个叫邹代钧的子弟，对舆图测绘制作术有专攻。邹代钧的舆图学天分，源于他祖上一位叫吴兰柴的。在众多学子都沉溺于经学科举文帖、学者多致力于穷经考据的氛围中，吴兰柴却另辟蹊径，偏好舆图学，精心研读前人有限的舆图学资料，不惮耗费时日，严加考据，写出四卷《地理今释》。这在重视科举仕途的时代，实在是了不起的“另类”学人。近朱者赤，近墨者黑。吴兰柴在研习编撰舆图专业著作时，他的千金吴瑚珊，参与了不少编校一类事务，积累了丰富的地理学知识，也由此养成了对中国地理沿革和各省州县地理由来的关注和爱好。在“女子无才便是德”的年代，吴瑚珊是不可能展露自己才华的。她嫁入邹家，夫君邹文苏虽然长于经学，却偏好舆图学，当私塾先生时，除以经史子集之类教授弟子之外，常常传授学生舆图学知识。为了更直观更活泼生动，还用竹篾制作“浑天仪”示范讲解。在邹家这一房，家庭生活诸般如常，只是夫妇间聊天的话题，多是舆图学相关的话题，这应该是很独特的场景。夫唱妇随珠联璧合，奠定了新化邹氏舆图学之根基。学业趣味相投，夫妻连理情深，邹文苏与吴瑚珊夫妇生了六个儿子。除了当时的常规教育外，吴瑚珊还亲自担起家教的责任，调和灰沙泥土，堆塑山川地形沙盘教授儿子们地理学知识。邹家的这六个儿子，成人之后，都学业有成，都喜欢地理学，其中，二儿子邹汉勋的地理学功底最深——他，就是邹代钧的祖父。邹代钧能成为清末地图学家、中国近代地图学的倡导者和奠基人之一、中外彩色地图铜版印刷的创始人，还曾担任过清末光绪、宣统两位皇帝的专业教师，首先是与其家学渊源密不可分的。其次是机遇。清光绪十一年（1885 年），两江总督曾国荃推荐邹代钧随太常寺卿刘瑞芬出使英俄。出使期间，每到一国，公务之余，书店是邹代钧必逛之处。就在那段时间里，邹代钧几乎把能买到的欧美各国地理图册全买到手。欧美的公务游历，加之对西方舆图资料的潜心研究，是邹代钧从事地图测绘出版专业的又一基础。让邹代钧决心创办武昌舆图地学社，还有个更重要的因素，即他认识到“地理是学术的根兹，政治的基础”。

邹代钧的这一认识，也是他那次做随员出访时获得的。访英期间，涉及英国侵占哲孟雄（即锡金）问题。英国人傲慢地坚称哲孟雄是印度属国。会谈交涉中，主谈判官太常寺卿刘瑞芬居然无言可对。倒是随员邹代钧发言时，从文化渊源，山川地势，引古证今，侃侃而谈，论证哲孟雄与西藏的历史关系，哲孟雄从来不属于印度。会谈结束后，邹代钧还专门写了个有关哲孟雄的历史沿革和地理沿革的报告呈交刘瑞芬，哪知却遭到训斥："书生泥古而昧于时务，哪知大计！我泱泱大国，难道在乎这几十里的小部落？今天英人既要，不如给他，以维和好！"倒是当年使馆参赞马格里，虽是英国人，但还算公正专业，支持邹代钧的意见："代钧系地理学家，其言凿凿，如据以译复英外交部，保证万无一失。"道理是一样的，但从洋人口里说出来，就比邹代钧说出来管用。后来，英国人虽理屈词穷，但昏聩的弱国，最终还是没能让昔日的哲孟雄（即锡金），成为中华领土的一部分。

这刺激实在太深，加之湖北舆图总局官气太重，理念落后，技术手段、资金都跟不上，于是，邹代钧发声："英国陆军部、海军部设地图局，已有二百余年，未曾中断过，由此可知英国称霸世界，与多年研究地图有关，现在我国政府不能办，我个人来办。"于是，老武昌的察院坡、横街头就有了武昌舆图地学社亦即后来改名的武昌亚新地学社。邹代钧发誓："此学社会当永不停办。"

表 2-1　武昌亚新地学社出版地图一览表

地图名称	编著者	开本	出版时间	备注
中外舆地全图	邹代钧编	8 开本	清光绪三十四年	彩印，58 幅
中华析类分省图	欧阳缨编著 邹兴巨校阅	甲 8 开本 丙 32 开本	民国十八年七月出版	
大中华民国分省图		16 开本		
中国历代疆域战争合图	欧阳缨编制 邹兴巨校阅	16 开本	民国二十二年九月三版	
本国析类分省图	欧阳缨编著 邹新垓校订	32 开本		
世界析类分国图		16 开本	民国二十五年七月初版	
环球列国地图		16 开本		
中外舆地全图		16 开本	民国十一年初版	中国分省地图与世界地图的混合版
分省地图册				《湖北全省地图》《湖南全省地图》等

邹代钧不仅创立了武昌亚新地学社，而且还初步构建了中国近代地图绘制的科学方法体系。如果没有邹代钧和武昌亚新地学社，中国近代地图学在历史上肯定会暗淡许多。

我们在回望历史，品味武昌贡院前街、察院坡、横街头这些老街巷文化韵味的时候，不可忘记这么一个人——邹代钧，他在中国地图学史上的筚路蓝缕之功。而横街头南边 18 号，一家叫利群书社的店子，是 20 世纪 20 年代这条街上的另一道风景。

图 2-6　恽代英一家

利群书社的经理叫恽代英。

恽代英（1895—1931），祖籍江苏武进县（今常州市武进区），出生于武昌，是早年武昌中华大学的高材生。“五四运动”期间，恽代英深入农村，宣传发动农民，还是学生运动的领导者之一。1915 年参加新文化运动，先后在《新青年》《东方杂志》等刊物上撰文，提倡民主与科学，批判封建文化。1920 年至 1921 年，他在湖北创办“利群书社”和“共存社”，团结进步青年。中国共产党成立后，随即加入共产党。1923 年被选为中国社会主义青年团中央执行委员，任宣传部主任兼《中国青年》主编，以其雄辩的才能、生动的文章、热忱的激情，教育了广大革命青年。第一次国共合作实现后，他和毛泽东、邓中夏、向警予等人，参加了国民党上海执行党部的领导工作，参与编辑出版了《新建设》杂志，用以宣传中共的原则立场，批驳国民党右派的种种谬论。“中山舰事件”后，为加强黄埔军校的领导工作，恽代英到黄埔军校任政治总教官，他就军队的建设和政治工作等写出了许多重要的论述，作出了重要的贡献。在 1927 年举行的中国共产党第五次全国代表大会上，恽代英当选为中共中央委员，同年先后参加南昌起义和广州起义。1928 年后，他在党中央宣传部工作。1930 年，恽代英在上海被捕，化名王作林，被关押在南京江东门外的“中央军人监狱”，后被叛徒顾顺章指认，从而暴露了身份，并于 1931 年 4 月 29 日，在南京惨遭杀害，时年 36 岁。

恽代英，作为中国近现代史上的一位重要人物，有他的纪念馆，有以他的名字命名的学校，有很多以他为研究对象的研讨会、研究会和研究成果。恽代英 36 年的生命，如一颗划过历史星空的流星，短暂而璀璨。他的人生轨迹，值得历史铭记，值得后人景仰。恽代英虽原籍江苏，但生于武昌、长于武昌，在老武昌老街巷里启蒙读书，在老武昌的中华大学学习。这所位于武昌昙华林的中华大学，是中国第一所私立大学。恽代英在该校毕业后，又在该校附中担任教务主任。恽代英在母校附近的横街头开一处书社，既是他人生历练中的一部分，也为武昌这处文气浓厚的老街巷，增添了新的内容。在不违背真实历史大背景的前提下，尽可能地还原恽代英当年在横街头的活动细节，大致可以略窥一代热血青年，既有救国救民的理想，又有为理想而奋斗的亲力亲为，还有为实现理想的担当和奋不顾身。

那是一段真正的峥嵘岁月。

1919 年，乃是中国近代史与现代史的分界线。北京爆发爱国学生运动，青春的烈火与北洋军阀政府的高压水龙头相“碰撞”。在沉默和爆发两者间，民族的精英们，选择了爆发。千百年来朝代更替、城头换旗，固然可以理解成华夏民族一次次的文化整合，但整合的方式多半都是血雨腥风、金戈铁马。1919 年 5 月 4 日在北京出现的学生罢课上街游行，其实是一次政治地震的前兆。有过 1915 年新文化运动参与经历的恽代英，异常敏感地听到了，中华民族又一次命运转折前的呻吟和呼唤。当即，他辞去母校附中教务主任的职务，召集一众友朋，商议呼应行动。暴风雨到来之前，其中心点，总能将四散的力量聚合成摧枯拉朽的能量。如同 1911 年，武昌城内各种社团异常活跃，力量不断凝聚，蓄势待发，10 月 10 日一声枪响，只是点燃了推翻千年帝制武装革命的导火线。辛亥革命，意义自然是伟大的，但结果却令后人感到惋惜。我们固然可以用“历史局限性”之类的措辞来表达亦叹亦赞的感受，但八年过去，皇帝是没有了，帝制也看似没有了，而军阀割据的局面，不经历一次全面彻底的大洗牌，民族的前途依然看不到曙光。这次也一样，恽代英有个以他为核心的社团——互助社。这个以“群策群力，自助助人”为宗旨的进步团体，周围还散布着一些诸如辅仁社、黄社、仁社、日新社、健学会等进步社团，且都与恽代英及其互助社交往很深。北京举行爱国学生运动的消息传来，恽代英立即响应。他亲自赶写了《四年五月七日之事》《呜呼青岛》，印成传单，在三镇散发，和社友们组织三镇学生上街集会游行。学生们的爱国行动，带动了三镇的工人罢工、商人罢市等行动，向当年的三镇当局施压。“五四运动”让恽代英进一步体会到，积蓄进步力量、传播进步思想的重要性。经过一番筹备，他决定开办一家以传播马克思主义为主的书店，取名“利群书社”。利群书社经销《共产党宣言》《共产主义 ABC》，以及《新青年》《共产党》这样一些书刊，还聘请一些当年有名的革命人物来书社演讲。

这样的特色书店和经营模式，的确是开创性的，利群书社利群却又

图 2-7　利群书社销售的《新青年》

卓尔不群，其散发出的意蕴，如同武昌察院坡至横街头一带传统文气中的一股清流。

没有考证恽代英是否擅于经商。从利群书社开办的初衷来看，恽代英的利群书社是“醉翁之意不在酒”，可从其筹办到运营模式来看，他的确有经商的头脑。利群书社销售的各种书刊，当时还没有被正式列入“禁书”之列，而且是热血沸腾时代的时尚书刊。对这些“异端”书刊，当局不满意是肯定的，但一来他们不懂，二来他们也没有精力去禁。军阀之间，今天我联合你打他，明天他联合我打你，地盘和军队才是他们最上心的，理论书刊能顶银子？书生意气能顶德国枪子？审时度势，恽代英的利群书社从 1920 年 2 月开办，到次年 6 月 7 日毁于战火，虽然只维持了一年多，却展示出他极强的组织能力和对时事研判的眼光，且呼唤出武昌老街巷更持久更浓厚的文气。

回顾恽代英筹办利群书社时的一些细节，很值得咀嚼。

办书社如同办企业，必要的投资是免不了的。恽代英拿出薪俸积蓄，又向亲戚借了点经费，再找三朋四友凑了凑，相中了横街头南边 18 号那几间门面房，租了下来，把房租一交，手头就很紧了，不过再难也得朝前干。恽代英带头，大小事情亲自动手。当年的横街头曾出现过这样一幕：有位戴着近视眼镜、身着窄袖长衫的书生，扛着一个旧书架，气喘吁吁地穿过粮道街，朝横街头南边走去。这位书生不是别人，就是恽代英，附近蛮多人都认得他。

恽代英的事无巨细与亲力亲为，带动了互助社一群平时很少出体力的斯文人，七手八脚地忙了起来。几天过去，看看大致就绪，已近年关，恽代英让朋友们回家过年，自己主动提出留在书社值班，就便制定社员们的分工诸如谁管售书，谁管送报，谁管做饭、杂务之类管理制度。恽代英有着在农村从事动员组织工作的历练，深知书生走上革命道路，不光脑子有理论，嘴巴说道理，还要能吃苦耐劳，视战友的生命为自己的生命。这是革命者的基本素质，这种素质的养成，须从小事做起，从细节处体现。

后来的销售状况也很有戏剧性。民间民俗，正月初八开张。一阵鞭炮响过，利群书社门口倒是围了一圈人，但开张第一天，仅仅卖了 80 文，第二天的营业额更少了，只卖了 40 文，第三天更惨，只卖了 20 文。所谓“文”，就是铜钱，一文铜钱，就是以前人们拿来做鸡毛毽子的那种铜钱。一文钱，不知道值当下人民币多少，总之是不多吧。坚持就有希望，坚持就是胜利。不知道当初恽代英是不是这样想的，恽代英和他的朋友们，的确是坚持下来了。果然，第四天就有了起色，有 500 余文进账。第五天，居然有 2000 余文进账。社员们都很高兴，认为是书社经营的转机。也的确如此，从此，利群书社每天都能做几千文的生意。阵脚稳定后，恽代英将他们创办“利群书社”的情况，写成消息，另附《共同生活社会服务》的宣言书，一并寄往上海，在《时事新报》副刊《学刊》上发表了。此举引起上海业界关注，沪上大量报刊委托利群书社发行。利群书社出售他处难以购买的书刊的消息在三镇不胫而走。一时间，像《共产党宣言》《资本论入门》《社会主义史》《蔡孑民先生言行录》《克鲁泡特金思想》《托尔斯泰传》《新青年》《共产党》《少年中国》《新潮》《东方杂志》《每周评论》一类革命刊物，吸引一批批三镇热血青年，从汉阳、汉口过江来到武昌这文气浓郁的老街巷——横街头，也吸引了三镇教育界、文化界、新闻界人士的眼球，选教材的，开阔眼界搞调研的，采访报道的，每天都络绎不绝，将这一有文化传统的老街巷，“盘弄”得鲜活起来。为了团结进步青年，宣传革命思想，利群书社在恽代英的安排下，经常组织读书报告会，马克思主义学说研究会的成员董必武、陈潭秋都曾在利群书社做过读书报告。除了零售，利群书社还开展了邮购业务，从而联系了一大批外地青年读者。外地读者的来信，恽代英总是亲自回复，且顺便介绍优秀读物，辅导读者读书。大律师施洋得知武昌横街头有家业务新鲜、办事真正“利群”的书社，主动请缨义务担任书社的法律顾问。

历史会记住恽代英和他的利群书社，武昌察院坡至横街头这一带的老街巷，也都会记住恽代英和他的利群书社。尽管，眼下，这一带的老街巷旧貌无几，但是，我们相信，老街巷，也是有记忆力的。

四、昙花不凋满城香

提及武昌老街巷，绕不开昙华林。

昙华林，是武昌一条别致的老街巷。

昙华林，本身就是一部独具武昌历史文化特色的宏著。

汉语中有“昙花一现”的成语词条，武汉出版社 1999 年 8 月出版的《汉语成语辞海》里，是这样注释的：昙花，梵语优昙钵花音译的简称，此花开放时间很短。比喻事物难得出现。后多比喻某些人或事物一出现就很快消逝。语本《妙法莲华经·方便品第二》云：“佛告舍利弗，如是妙法，诸佛如来，时乃说之，如优昙钵花，时一现耳。”引用这一词条的注释，缘由有二：一是笔者的确没有见过昙花，出于好奇，20 世纪 60 年代末，因在武昌工作，周日常到昙华林踏访，90 年代初，亦曾特地到武昌昙华林仔细走了几遭，拍了些老建筑与老住宅的图片，但都没有看到昙花。当时就想，在以昙花命名且十分有名的街巷，都没有见到昙花，估计，能见到其盛开之状的，当是有缘人。二是不解。昙华林这个街巷名，包含着这里曾有人成片种植昙花的传说，优昙钵花这种即开即谢的花儿，又如此这般地难见“芳容”，干吗种这么多呢？琢磨词条的“语本”，就有点豁然了：佛说妙法，仅“时乃说之”，有幸听到很是难得；再者妙法虽妙不可言却极其深奥，稍有所悟，立马又归于无，就如昙花一现。武昌这条老街巷里，就有这种有文化追求的人，为追求妙法的妙不可言，哪怕只得到“稍获即逝”的妙，也是值得的。于是，就有了成片种植乃至昙花成林的努力和传说。而这条以昙花命名的老街巷，似乎也有所悟，承续着诸般文化的精华，诠释着昙花难得一见的哲理。

无论从哪个角度或哪类人文学科切入，向世人展示武昌的昙华林，都应该是厚厚的一部书。如简要地概括，昙华林是集自然、历史、人文、综合艺术等众多元素于一体的“文化活化石”。

如果从空中俯瞰，昙华林这条老街巷的地势与街巷的形态，因势就势，顺势筑楼成街，更多的是将楚人的智慧和道家的圆通，立体地呈现出来。这片区域，北临沙湖，三面所环，依次为花园山、凤凰山、螃蟹岬。老武昌城墙沿着螃蟹岬山脊而走，昙华林就跟着老城墙自然展开。这样，在与老武昌城墙，与沙湖，与花园山、凤凰山、螃蟹岬的人为建筑和自然山水的和谐相处中，昙华林及其昙华林文化，就“成长”起来了。

昙华林成为街巷的历程大致是这样的：明洪武四年（1371 年）武昌城扩建，武胜门向东的一段城墙往北扩展，越过螃蟹岬南麓，因势在螃蟹岬山脊筑起城墙。于是，就空出了从花园山和螃蟹岬以南的一地块。螃蟹岬和凤凰山，虽说是山，相较于动辄海拔上千米的山来说，最多只能算是小丘。不高不峻的山，在武昌城内，不仅是一景，而且稍加利用，既能让城市扩容，又能使城市形貌更多元化。当年武昌城

图 2-8　改造前昙华林 32 号民居

新空出的这一地块，是官地还是无主之地，不得而知。地块有山，附近有水。山不高亦无险峻，近看是山，远看倒有些太湖石的玲珑，水不深却碧，与这山真称得上是绝配。于是，就有人在两山山麓处筑屋盖楼了。两山之间的隙地，就是最早的昙华林街巷了。两边山麓都盖满各式楼房了，楼房自然就会向山坡上“攀爬”，最终就形成老武昌城的新片区。两侧山麓间，是主街巷，主街巷又和山坡上楼房之间的隙地相连接，形成一些曲曲拐拐的小巷子。看上去，这一片是层楼叠屋，街巷密布，青瓦小院，依山而建，民居错落，互为参差，梧桐小院，麻石幽径，与老武昌其他地势低洼处的街区形貌迥异，可谓是别有风味。即使无缘定居于此，能经常在这一带流连，也会让人一洗都市的浮躁情绪。在昙华林，可以品味和领略的，是一种具有悠久历史气息和深厚文化积淀的古韵。这种难以言传的韵味，在武汉三镇众多的街巷里，已是稀罕之物。

昙华林，不仅是此处一条老街巷的名字，而且还是这一片区的名字。作为武昌一条很有“历史”的老街巷，昙华林的规模格局，形成和发展也有个过程。最早是指戈甲营以东沿花园山北麓至鼓架坡这一段，眼下，东起中山路西至得胜桥全长1200米，都被称作昙华林街了。

昙华林作为一条老街巷或片区，它太具体，对于城市规模的变迁，确切的史料不多且众说纷纭并附以传说，或许这些更令文学家感兴趣。一般来说，现在人们更关注的是，喧嚣都市深处居然有一处非常幽静的老街巷，十分难得，成为这座城市一方独特的游览之地。于是，从建筑美学和中西文化的碰撞与融合等方面来探究昙华林文化，从那些浸透着沧桑的民居老宅来探究其中珍藏的人文掌故，探究那些幽深曲巷里发生的逸事趣闻，就有了更多现实的意义。

图 2-9　昙华林民居

图 2-10　得胜桥（一）

图 2-11　得胜桥（二）

图 2-12　昙华林瑞典教区门楼

用探究的眼光在昙华林一带转悠，可以发现，这里有三多。一是西方宗教建筑多，二是名人别墅多，三是教育机构多。这三多构成了昙华林特立于三镇之中的文化建筑群。汉口开埠于 1861 年，现江汉路以东，依次出现英国、法国、俄国、德国、日本五国租界，在汉口形成一个租界区，由此那一带也成为汉口的“万国建筑博览区”。昙华林中的西式建筑，大都建于汉口开埠之后。回望开埠当年，让后人感慨良多。汉口租界区域，以赚钱为目的竖起来的建筑，即金融银行或商贸机构，多与汉口的民居相隔开。当年进入昙华林的西洋人，多以传教为目的，所以他们修建的大都是教堂或礼拜堂之类的建筑，而与宗教慈善相伴的，自然少不了医疗机构、教育机构的建筑。从整体来看，昙华林的建筑群，同武昌民族风格的老民居及许多土洋结合的别墅形成混搭效果，加之整体建筑群随山势起伏，尚有湖光相照，很有水墨兼油画的味道，给人以

图 2-13　半园

视觉享受的同时，还留下了很多的想象空间，这种没有“傻大笨粗”冲击力的块面形象，显得特别有文化。

当年，来汉口圈地建租界的洋人，是付了“租金”的。以汉口英租界为例，面积 795.3 亩（注：1 亩 = 666.7 平方米），年租金白银 92 两 6 钱 7 分 2 厘 1 毫，几乎是“烂白菜”的价钱。昙华林一带，不仅遍布教堂，而且逐步形成意大利教区、英国教区、瑞典教区和美国教区，众多的西式宗教建筑，占地不少，所占之地，是买是租还是白给，不得而知。

昙华林众多的公馆别墅，也是其文化积淀之一。在此处拥有公馆别墅的，肯定都是名人，而且，这些名人，在昙华林，或多或少都留下些故事。在这些名人中，有一位老先生，他就是钱基博（1887—1957）。

当今，知道钱基博的人估计不多，肯定比知道他的儿子钱锺书、他的儿媳妇杨绛的人要少。一个问题浮出脑海：是因为昙华林的朴园让我

图 2-14　钱基博

们记得钱基博呢，还是因为钱基博让朴园更添光彩呢？

5 岁时，钱基博就开始发蒙。10 岁时，由他的伯父钱仲眉教授其《史记》和《唐宋八大家文选》，并教其学习写作策论。13 岁时，他开始读《资治通鉴》和《续资治通鉴》，先后将两部巨著圈点了七遍。除国学经典之外，钱基博还精读《读史方舆纪要》，16 岁时，他撰写了《中国舆地大势论》，被《新民丛报》发表。18 岁时，他受当时“中学为体，西学为用”教育理念的影响，与 80 多位同乡同好组织了一个叫“理科研究会”的学习团体，请老师来教授物理、化学、博物、生理卫生和日语等课程，不久，自己又办了一所理科学堂，自任讲师。幼年从国学起步，16 岁就撰写了地理学领域的论文，然后又从文科跳到理科，且能亲自任教。略去钱基博先生包括如何爱国在内的一些让人敬仰惊叹的经历，1946 年开始，老先生到华中大学工作，就与昙华林结缘了。当年的华中大学，就在昙华林，后并入华中师范学院，也就是现在的华中师范大学。1952 年，钱基博先生又把历年收藏的甲骨、陶瓷、历代货币、书画等文物 200 余件，捐赠给合并后的华中师范学院历史博物馆，将碑帖字画 1000 余件、方志 1000 余种，全部赠予了苏南文物管理委员会和江苏泰伯文献馆。

新中国科技界有“三钱”，一般指的是“中国航天之父”和“中国导弹之父”钱学森、“中国近代力学之父”钱伟长、“中国原子弹之父”钱三强。学术界也有“三钱”的说法，那就是钱基博、钱穆、钱锺书。这“三钱”中有“两钱”是父子，另一“钱”，即国学大师钱穆，是科技界“三钱”之一钱伟长的叔父。学术界“三钱”之间还有段小趣闻：1927 年，钱穆先生出版他的《国学概论》前，想请钱基博先生作序。同一桑梓，且都姓钱，也互有交集，且钱锺书还称钱穆为“叔叔”，钱基博先生没有推辞，但把任务交给了儿子钱锺书。不到弱冠之年的钱锺书，居然不假思索，一气呵成。钱基博看了儿子的文字，竟然一字不改，只是署名“钱基博”就交差了。受人之托，忠人之事。钱基博让儿子代劳且署自己的名字，是父亲信任儿子，父亲要考验、历练儿子，儿子的文采，虽不能说已“青出于蓝而胜于蓝”，但的确已很不错了。事实也是如此，钱穆先生的《国学概论》在商务印书馆出版时，序言署名就是钱基博。

这应该是一段文坛佳话，虽与昙华林关系不大，但也不能说完全没有关系。

与昙华林相关的历史碎片，可谓是一言难尽。比如，这里曾是早期革命团体日知会和奇英学社的活动场所，而这些革命团体中出过许多为革命慷慨捐躯的重要人物，比如，刘静庵。还比如，1938年，著名诗人、学者郭沫若曾带领一批宣传队员进驻昙华林83号，热血青年与著名诗人、学者之间，肯定会演绎出很多故事。

在这一点上，昙花与昙华林，两者的命运如天壤之别——昙花易逝，昙华林则将长久保留下去。

在摩天大楼的缝隙里，在武昌，仍有一处散发纯正历史文化幽香的叫作昙华林的地方，实乃武汉之幸。

第三章
老街新学　首功香涛

近一段时间，“乡愁”一词见诸文字比较频繁。没有去查词典，考究“乡愁”一词的定义，估计总不会是“在乡下愁”，或者是“乡下人发愁”的意思吧。应该是一种客居他乡者或羁旅中人对故乡、故物、故人的一种怀想情绪，其调子不一定是悲伤哀伤之类，更多的倒是掺杂着些许甜丝丝的感怀和思念。作为这座城市的“原住民”，亦正在这座城市江北一寓所内检索、翻阅有关这座城市江南老街巷之人文历史资料，咀嚼其中诸般滋味，见诸文字，倒还真生出几缕乡愁——隔江的武昌，曾是我舌耕六年的地方。四十多年前，频繁的家访，武昌内城那些存着20世纪初风貌的老街巷，还烙印在脑海里。20世纪90年代，我又有意识地带着相机，几乎跑遍武昌的老街巷。有的已无原貌，有的干脆就消失了。但是，变化，特别是不会停止、不可遏止的变化，并非哲学独享的命题，万物皆不可回避。老街巷的变化或一部分消失乃至有一天会全部消失，都是有可能，甚至是必然的。武昌老街巷的文字资料及史料图片，虽不及影像资料让人有身临其境的亲切感，但能承续前人续写老街巷的记忆，释放一丝半点乡愁，或许能有些让后人分享的人文价值。尽管已进入互联网时代，“瞻前”方便了，而浸润着人文血脉的武昌老街巷，更需要“顾后”。除前人史料外，武昌老街巷的“文化巡游”属于

“顾后”，需要“向导”。想来想去，想起一位最为合适的向导，那就是张之洞。张之洞虽不是武昌人，但督鄂十八年，肯定对武昌的老街巷很熟悉，有些老街巷甚至是因为他才形成且著名的。还是先从与“文教”有关的老街巷“进入”吧。

一、五路学堂驻深巷

兴办各级各类教育实体、改革教育体制、规范教学管理，是张之洞督鄂十八年任上重要的方面，相对而言也是最成功的方面。这让武昌的一些老街巷更增添了一些文气。1903 年，在武昌城的老街巷里，出现了五所官办的“高等小学堂”。入学年龄必须年满 14 岁，在校学习时间 4 年，毕业后享受等同于秀才的待遇。这五所学堂，张之洞将其称为“五路高等小学堂”，五路是指东、西、南、北、中五个方位。东路高等小学堂开始设在贡院，也就是两湖秀才考举人的地方，不久便移至昙华林。西路高等小学堂最初设在望山门附近，不久也搬迁至贡院北。南路高等小学堂设在烈士祠西侧亦即烈士街。北路高等小学堂设在当年的城北角，也就是现在都府堤中央农民运动讲习所旧址。中路高等小学堂最初也设在贡院，考虑到太过集中，不久之后便搬迁至南楼。五路高等小学堂的开办，一时间，让本来文气浓郁的武昌老街巷，注入了更多的青春活力。尤其是以经史子集等传统典籍为考试范围的贡院试场，原本很有些迂腐压抑的气氛，如今被以新学为主的年轻人作为教室，除了书声琅琅，就是年轻人的欢笑声。这些年轻人都是从各县学中选拔出来的优秀者，来到省城，不是来参与紧张备考和封闭式考试的，而是来深造学习进而进入更高层级学堂的。没有能否中举的压力，只有前进的动力。更让他们开心的是，在学堂学习期间，教材书籍、文具、伙食灯油等一切费用，全部由官府提供。连身上穿的制服、头上戴的礼帽，也一律免费配发。甚至还发放靴子，而且是两个月发一双。至于床上用品，不仅免费发放，而且每个月还由学堂请人给清洗，顺带理发剃头一次。这待遇非常好，当然，这些学子们也十分争气。在这些被文气“包裹”着的武昌老街巷里，他们的青春年华如花般绽放，为古老的街巷注入了那个时代难得的青春气息。

表 3-1　武昌老街巷普通教育学堂、书院一览表

街巷名或地址	学堂、书院或教育机构	开办时间
东路：贡院至昙华林	五路高等小学堂	1903 年
西路：望山门至贡院		
南路：烈士祠西侧（西菜园）		
北路：城北角（农讲所旧址）		
中路：贡院至南楼		
方言街（原东厂口）	方言学堂（自强学堂改）	1903 年
三佛阁	文普通中学堂	1903 年
昙华林	第二文普通中学堂	1909 年
两湖书院	两湖文高等学堂	1903 年
两湖书院	两湖总师范学堂	1906 年
阅马场	蒙学院（幼儿园）	1903 年

武昌贡院和贡院前街，有明以来，这里就是鄂湘两省学子们“学而优则仕”的圆梦之地。旧的科考制度，繁复而森严，一层层考下来，中榜者毕竟是少数，皓首穷经者多是一介寒士。但这贡院就是有巨大而持久的吸引力，营造了贡院和贡院前街自有明以来的浓郁文气。到张之洞督鄂时，创办新学，新式学堂选址，这里自然是首选之地。东路高等小学堂开始就设在贡院，贡院前街乃至周遭的横街头、察院坡一带，又满是朝气蓬勃，又满是书声琅琅。

有耕耘就会有收获。截至 1907 年 7 月，按东、西、南、北、中五个方位排序，从东路高等小学堂毕业 73 人，从西路高等小学堂毕业 127 人，从南路高等小学堂毕业 71 人，从北路高等小学堂毕业 60 人，从中路高等小学堂毕业 79 人，共计 410 人。这 410 名从武昌老街巷走出来的学子，今后的个人命运，在历史风云中的跌宕起伏，没能看到逐一介绍的翔实资料。历史之河太长，生命之尺就显得尤其短。每个人的存在，终归会是曾经；每个人的生命，或许都会以某种方式留下痕迹。就无垠的时空而言，即使是最璀璨的恒星，也不可能真的永恒，那划过天际的流星，灿烂的一瞬间，也可能会在探究者的心中，留下一点印记。

二、贡院“走”出李四光

老贡院办新学，老街巷，出新人，比如，李四光。

李四光，湖北黄冈人，蒙古族，地质学家、中国科学院院士、教育家、音乐家、社会活动家，中国地质力学的创立者、中国现代地球科学和地质工作的主要领导人和奠基人之一，新中国成立后第一批杰出的科学家和为新中国发展作出卓越贡献的元勋。

其实，十四岁之前，李四光不叫李四光，而是叫李仲揆。

1889 年 10 月 26 日，一个男孩在湖北省黄州府黄冈县回龙镇下张家湾村（现属湖北省黄冈市团风县）一户贫寒人家呱呱坠地了。当这个婴儿来到这个世界的时候，他的父亲李卓侯，正好等到了自己考中秀才的喜讯。虽是贫寒人家，二十三岁才考中秀才的李卓侯又喜添长子，可谓是双喜临门，兴奋之余，当即给儿子取名叫李仲揆。李卓侯十岁开始发蒙，虽起步晚，但他到十九岁的时候，就可以教比自己小的一些学生了。于是，李卓侯二十岁即在亲戚家开设学馆当私塾先生，教书间隙，自修不辍。那个年代，热衷于科举功名，不是丑事，足见其执着。尤其是贫寒子弟，要想改变世代贫寒的命运，那年月只有一条路，就是读书参加科考，方有可能改变自己的命运。李卓侯塾师的名声，在十里八乡很有口碑，来他学馆求学的人很多。李卓侯虽是个秀才，但他热衷于新学，不喜欢八股文，尤其喜欢诗词曲赋，所教的课程也大多和诗词曲赋相关。对乡下求学的学子们来说，这既是学习，也是享受。桃李不言，下自成蹊。特殊的教学方法，让李卓侯收获了一大批前来求学的弟子。李卓侯既是儿子的启蒙老师，也是林育英、林育南等几位在中国现代史上留下浓墨重彩人物的老师。李卓侯的文化趣味和进步思想倾向，不可能不对儿子和林氏兄弟今后的人生道路产生影响。十四岁时，李仲揆告别家乡，告别父母，告别父亲的私塾，独自一人来到武昌报考高等小学堂，一考即中，被分到东路高等小学堂学习，并改名为李四光。1904 年 5 月，在东路高等小学堂仅待了两年的李四光，因出类拔萃，被官费保送赴日本留学，进入东京宏文学院普通科学习，同年 12 月，李四光结识了当时在东京法政大学学习的宋教仁，经宋教仁介绍又认识了在东京京西大学学习的马君武，这让李四光接受了更多的民主革命思想，并毅然剪掉盘在头上的长辫子，从此走上了革命的道路。1907 年，李四光进入日本大阪高等工业学校学习，于 1910 年毕业。在日期间，他积极投身革命政党的组建活动，还成为孙中山领导的同盟会中年龄最小的会员，以“驱除鞑虏，恢复中华”为己任。孙中山曾送李四光八个字作赞誉：“努力向学，蔚为国用。”

1911 年辛亥革命爆发，推翻了清政府，李四光出任湖北军政府实业部部长；南京临时政府成立后，实业部改为实业司，仍任司长。不久，袁世凯反历史潮流而动，公然恢复帝制，要过几天做皇帝的瘾，引起天下骚动。中国再一次陷入混乱，政治格局面临再一次洗牌。李四光当然不能为一个从民主倒退回帝制的政权服务，于是他愤然辞去实业司司长一职。1950 年 5 月，李四光担任新中国中国科学院副院长；1951 年 4 月，李四光当选为世界科学工作者协会执行委员会副主席；1952 年 9 月，担任中华人民共和国地质部部长；1955 年，被选聘为中国科学院学部委员（后改称院士）；1958 年 9 月，任中国科协主席；1969 年 4 月，被选为中国共产党第九届中央委员会委员；1970 年 8 月，任国务院科教组组长；1971 年 4 月 29 日，因病逝世，享年八十二岁。

李四光能投身于新中国的伟大建设，其中的一段经历颇不寻常。

1949 年，中华人民共和国成立在即，李四光被邀请担任新中国政协委员一职。而此前也就是 1948 年 2 月初，李四光和他的夫人许淑彬，正在英国伦敦出席第十八届国际地质学大会。新中国自强地立于世界民族之林，是李四光永远的梦。然而，启程之前，却被伦敦的朋友告知，国民党政府驻英大使已接到密令，要李四光公开发表声明拒绝接受新中国政协委员一职，否则其将被扣留。还有什么比祖国的召唤更强的力量呢！李四光当机立断，不顾一切，先只身离开伦敦来到法国，等待妻子。两星期之后，夫妇二人在巴塞尔买了从意大利开往香港的船票，于 1949 年 12 月秘密启程回国，直到 1950 年 5 月 6 日，李四光夫妇才到达北京。

图 3-1　李四光与许淑彬

这段经历中还有很多细节，比如，郭沫若带着周恩来的亲笔信，邀请李四光回国。还比如，从英国到远东的客轮船票必须提前一年预订。困扰和困难，挡不住似箭的归心。总之，他回来了。李四光，十四岁时从省城武昌贡院前街出发，从武昌老街巷昙华林出发，从张之洞创办的五路高等小学堂中的东路高等小学堂出发，岁月倥偬，年过花甲，终圆人生之梦。

五路高等小学堂，是中国近代教育从科举旧学向中西结合新学转型的一方苗圃，而李四光，则是这方苗圃培育出来的杰出代表之一。这位世界级地质专家，他的学科研究专长和成就，是前无古人的。早年，他

图 3-2　周恩来与李四光

对“蜓科”化石及其地层分层意义有精湛的研究，并提出了中国东部第四纪冰川存在的观点，从而构建了新的边缘学科，建立了“构造体系”的概念，创建了地质力学学派。在这一理论高度上，李四光提出了“新华夏构造体系三个沉降带有广阔找油远景”的认识。其理论及认识，在后来开展的石油勘探、开采实践中，得到了证实，给了西方“中国贫油论”一记响亮的耳光，在中国石油工业的发展史上占有极其重要的一页。不仅如此，李四光开创的活动构造研究与地应力观测相结合的理论研究，为地震预报开辟了一条全新的途径。

三、菜园“长”出两部长

别看五路高等小学堂只是“小学堂”，和时下“小学堂”的概念不可同日而语。除了像李四光这样的人才出自其中外，开办在烈士祠西侧的南路高等小学堂，也出了郭泰祺、王世杰这样史册有载的人物。

武昌有条烈士街，从时间上看，也是一条老街了。这条街并不长，不到 270 米，南接如今的紫阳路，北连现在的紫阳村。在这条街还没有成为街之前，这里叫“西菜园”。想当初，这里紧挨着紫阳湖(也写作“滋阳湖”)，湖面宽阔，微波涟漪，是老武昌很不错的泛舟赏景处。湖周围乔木虽稀疏，却灌木丛生，尤其是暮春时节，不说春风十里，那江南草长莺飞的景致总是有的。也有那附近贫窘人家，没有恋湖光水色那般雅致的心情，倒是看中了附近那些空闲的膏腴之地，于是点豆种瓜，植蔬种菜。本是湖荒之地，点缀了些农家野趣，也就无人干涉，长此以往，渐成规模。此地本无名，因处紫阳湖西，于是口口相传，将这片地块叫作西菜园。西菜园成为烈士街，是在张之洞离鄂之后。1911 年 10 月武昌起义成功后，为革命献身之彭、刘、杨三烈士的遗体，曾暂厝于西菜园，供人祭吊。民国初年，这里曾一度设立辛亥革命烈士遗孤教养所。烈士祠供有彭、刘、杨等烈士的牌位。1936 年，辛亥首义志士喻育之，不忘那些枪林弹雨中共同战斗过的战友及峥嵘岁月，在西菜园主持修建起很有规模的辛亥首义烈士祠，并在烈士祠前立“民军起义国庆碑”(现位于烈士祠对面的紫阳湖公园内)，主体建筑为牌楼和享堂，享堂内则供奉烈士牌位。当然，西菜园变成烈士街，西菜园变成烈士街过程中的血雨腥风，都是张之洞和清政府没有想到也不可能想到的。况且，辛亥革命爆发时，张之洞已不在人间。张之洞将南路高等小学堂设在西菜园，估计，多半是相中了此地很有些湖光粼粼的天然韵致。想来，自设立学堂之后，那些植蔬种菜者，也很知趣，自觉种点自留地，固然可以“盘弄”出些许农家野趣来，但沤粪浇粪，气味终归难闻，与书香有明显冲突。于是，都市中的农家野趣没有了，紫阳湖的湖光粼粼依然，湖边的青莎绿树依然，青莎绿树中的鸟语花香依然。当年这里，夜读书会受到鼓励，至于湖畔吟诗、林间寻句，应该是张之洞所希望看到的。

这处当年的西菜园，自从不种蔬菜，因办了学堂，“植”进了文气，竟“长”出了两位外交部长，一位叫郭泰祺，一位叫王世杰。

这两位从南路高等小学堂里出来的人物，当代知道其名字的估计不多，但在中国的外交史和武汉大学的校史上，肯定少不了他们的名字。

先说郭泰祺。

郭泰祺，1888 年冬出生于湖北广济县（今武穴市）田镇郭冲垸，家境贫寒。贫家子弟，人生的路就两条：一条是接过父辈的锄头，继续着田地里的农事；一条是努力读书，让知识的明灯指引着，朝更广阔的天地奔去，凭努力和才学改变自己的命运。郭泰祺走了第二条路。他自幼酷爱读书，被贫困压弯了腰的父母，也支持儿子的选择，从牙缝里挤出些许钱，供儿子去读私塾。郭泰祺也极其懂事，每天放学回家路上，总要背回一捆柴，放牛、拾粪一类活计，都是读书之余的必做之事。后来，郭泰祺考入武昌南路高等小学堂，没等毕业，1904 年，16 岁的郭泰祺，因成绩优异，被张之洞选中，官费保送赴美国留学。官府知道郭家实在贫寒，在郭泰祺出国前还另发给郭家安家费 25 两银子。父母在，不远游，是古训，加之“在家千日好，出门处处难”的流风，即使是殷实人家，当年，也不愿子女出国留洋：小小年纪，千里万里去那西夷国度，得冒多大的风险。所以，郭泰祺出国前，将 25 两银子“安家费”交给父亲时，乡里富户中的好事者就半调侃半嘲讽地对郭父说：“便宜呀，25 两银子，你就把儿子给质了。”质者，当也，卖也——很有点尖刻。

1912 年，郭泰祺就被黎元洪看中，在黎元洪去北京任副总统之前，叫郭泰祺担任自己的英文秘书。1935 年 5 月，中英两国使节关系上升为大使级，郭泰祺被任命为中国首任驻英国特命全权大使。1938 年初，英国牛津大学授予郭泰祺名誉法学博士学位，高度赞扬他在英国的外交成就。郭泰祺是第一位以大使身份获此殊荣的中国人。当郭泰祺奉调回

图 3-3　郭泰祺（中）在美国纽约出席联合国安理会第一次会议

国担任外交部长时，英国《泰晤士报》发文这样评价郭泰祺："郭氏在驻英大使任内，其代表国家坚定而安详……郭氏大使任内履行艰巨任务，为各方所尊崇。"1946 年 2 月，郭泰祺担任中国政府驻联合国首席代表，同年 3 月至 4 月，任联合国安理会执行主席。这个主席头衔，虽是各国每月轮换一次，但毕竟是中国在世界舞台上首次出的大风头。此后，郭泰祺被聘为联合国原子能委员，1947 年 3 月，任联合国常规军备委员会委员，同年 12 月被派担任驻巴西大使。新中国成立后，党和国家领导人通过多方渠道，邀请郭泰祺回国工作，郭泰祺也表示愿意，可惜，此时的郭泰祺已身染重病，没能成行。1949 年，郭泰祺退隐于美国的圣巴巴拉，并获得美国宾夕法尼亚大学授予的法学博士学位。其实，郭泰祺被授予法学博士学位，也不是美国人送的人情。早在 1911 年 3 月，郭泰祺就是宾夕法尼亚大学的高材生，获该校"优秀大学生"荣誉，之后又考进该校研究生院社会学系深造，并兼任《费城新闻》《宾夕法尼亚》的记者等。客居美国三年后，郭泰祺病逝于美国加利福尼亚州医院。

以上文字，只能算是郭泰祺的简介。能被称为民国时期“广济五杰”之一，肯定不简单。到联合国任职之前，1919 年，郭泰祺就以中国代表团技术专员身份出席过“巴黎和会”，1923 年任外交部次长，1926 年参加北伐，1941 年 4 月出任外交部长。此前，郭泰祺也曾投笔从戎，在辛亥革命前后那些风雨飘摇的日子里，也曾以自己的才学，以传统文人“修身齐家治国平天下”为己任。在担任外交部长期间，郭泰祺也曾有过很多争取国家尊严的作为，只可惜，弱国无外交。在联合国任职和担任驻外使节期间，无论是在巴黎的演讲，还是在伦敦的外交会谈，郭泰祺以其渊博的学识、机敏的反应和优雅的气质，不仅展示了他个人的魅力，而且借助国际舞台的诸多场合，彰显过中国人的风采。

从西菜园“长”出来的另一位外交部长叫王世杰。这位曾就读于南路高等小学堂的学子，之后的游学和从政经历，就比他的同窗郭泰祺顺利得多。其简历如下：王世杰，1891 年 3 月 10 日出生于湖北崇阳，担任过武汉大学的首任校长。他于 1911 年参加武昌起义，曾任教于北京大学，与胡适等创办过《现代评论》周刊，后加入国民党，进入政界。从此，仕途顺畅，官位虽高，但都是文职，1981 年 4 月 21 日病逝于台北。临终前立下遗嘱，将其一生收藏的所有字画与书籍赠予武汉大学，终年九十岁。

从以上文字，除去王世杰从政的经历，大致可以归纳出他与武昌老街巷密不可分的两个时间节点：一是从故乡崇阳出发，游学的首站就是武昌西菜园南路高等小学堂，最终以法学专家享誉学界；二是担任过武汉大学的首任校长，临终前还不忘当年的母校，立下遗嘱，捐赠所有字画藏书。眼下著名的武汉大学，由张之洞于 1893 年开办的自强学堂演变而来。从南路高等小学堂出来的“小学生”，“修炼”一番之后，又回到与恩师张之洞相关的大学任校长，对于王世杰，不只是一种巧合，更是一种缘分。

说张之洞是王世杰的恩师，不是讲故事，而是事实。

让我们暂时穿过时空的隧道，回到 1903 年。

这一年，张之洞已年近古稀，但这位晚清重臣，对兴办新学，饶有兴味。兴办高等小学堂是他倡导的，从招生考试到录取，从教学计划、课程设置、教员聘用标准，到学生入校后的管理乃至毕业后的待遇，他都一一过问。因为是首届招生，笔试之前，由府县一级学衙推荐“良秀”之才到省城参加考试。他还规定，考生参加正式考试之前，还要过面试这一关。在张之洞心里，这些学生都是未来的国家栋梁，“良秀”二字十分重要。是否“良秀”，虽有府县一级学衙推荐把关，但张总督还是不放心。南路高等小学堂考试资格面试现场，张之洞坐在考官中间宽大案子的后面，眯着一双老眼，一副似睡非睡的模样。他的两边，稍低的案桌后各坐着一名考官。张之洞的“兴居不节，号令无时”，下属们早已习惯。几十年坐在官位上，甚至因此遭到同僚们的“参劾”，张之洞也没改夜间办公、白天睡觉的“老毛病”。我们倒是可以从中国人民大学出版社出版的《中国近代思想家文库·张之洞卷》中找到这样的自述：“尝篝灯思索，每至夜分，必得其解乃已……后服官治文书往往达旦，乃幼时好夜坐读书故。”原来，张总督这“老毛病”是少年时代长期挑灯夜读、穷究学问养成的“积习”。他能这么早来参加“小学堂”的考试资格面试，实在很不容易，显示出他对改革旧学、兴办新学的决心和热情。只不过，岁月沧桑，宦海历练，张之洞的一腔热情，已被老辣、深沉所掩翳。考生们依次面见考官。别看张之洞一副似睡非睡的模样，考生们的容貌、应对情况，甚至身高、步态，他都一一看在眼里。

轮到王世杰面试了。他一上来，两位考官就皱起了眉头，面面相觑：咦，这还是个幼童嘛，怎么被推荐上来了？

也难怪考官一肚子嘀咕。眼前的这位考生实在是太小了，个子矮小，一脸稚气。殊不知王世杰 4 岁即入私塾读书，且天资聪慧，口齿伶俐，否则也不会被当地官员推荐到省城来参加此次考试。尽管王世杰的推荐资料十分规范且评价极高，但他有一条不符合高等小学堂学生的入学标准：必须年满 14 岁。王世杰当年只有 12 岁。不知道当时制定这条年龄标准的初衷是什么，也不知道是谁拍的板。我们只能这样猜测：五路高等小学堂的学生都是住读的，虽有管理生活的学监，但是学监不是保姆；虽然学堂的软硬条件都很好，待遇也优厚，但是学堂毕竟不是幼儿园。两位考官翻看花名册，找到王世杰的推荐资料，愣了愣，朝眯缝着眼的上司"送上"请示的目光。其实，张之洞早就心里有数了。张之洞本人就是 5 岁入私塾发蒙，12 岁就刊刻了个人诗集，不满 14 岁即中秀才，16 岁中举，直到 27 岁才考中进士。看到王世杰，张之洞仿佛看到了另一个自己，怜才惜才的一股暖意再也控制不住，睁开的老眼，目光炯炯，并露出难得的笑容。张之洞撑撑座椅扶手，站起身来，踱到王世杰身边，摸了摸这小家伙的头，像个慈祥的老爷爷，问："叫什么名字啊？家住哪里啊？"

"本人王世杰，家住崇阳县。"王世杰昂首挺胸，似乎想用这种姿势，让自己显得高大些，可嗓音虽高，却难掩稚嫩。

"你还这么小，为何要来武昌读书啊？"

"为人杰，为尧舜。"

一脸慈祥笑意的张之洞，不禁肃然一惊，说道："嗯，好，好，好！"

三声"好"后，张之洞"特批"王世杰可以报名考试。结果，王世杰不负香帅厚望，以第一名的成绩考入了武昌南路高等小学堂。

随后，张之洞又接见了王世杰的陪考家长，又发了个"特批"：王世杰可以留下一两个家人陪读，陪读家人可以在校门口摆个摊子，做点小买卖，一来方便照顾王世杰的起居，二来可以降低其家庭陪读成本。对摆个什么摊子，张之洞都做了明确指示：花生摊。这“特批”看来事小，却是破例之举。在张之洞心里，学堂乃教书育人神圣之地，容不得半点“污秽”之物，酒楼茶楼之类要与学堂保持距离，武汉土话所说的“挖地脑壳”的摊贩，是喧嚣嘈杂之源，也要与学堂保持相当的距离。看看当年武昌五路高等小学堂的选址，不是传统办学基地贡院前街、幽静的昙华林，就是当年还很僻静的都府堤，或者干脆就是郭泰祺、王世杰等就读的南路高等小学堂——西菜园。

除去王世杰的仕途内容，仅挑选与其学历、教育有关的情况，大致如下：南路高等小学堂毕业后，王世杰考入湖北优级师范理化专科学校学习三年，毕业时，王世杰又以最优等的成绩考入盛宣怀创办的天津北洋大学（现天津大学）；在北洋大学求学不到一年，武昌起义爆发。1913 年，王世杰漂洋过海，先赴英国进入伦敦大学经济学院求学，获政治经济学硕士学位；随后转赴法国留学，入巴黎大学研究法学，于 1920 年获法学博士学位；1929 年 2 月，担任武汉大学的首任校长。

王世杰的漫漫游学路，如从 12 岁算起，起点源于张之洞的“特批”，其终点亦与张之洞有缘。追溯武汉大学的前身，与张之洞创办的自强学堂有关。自强学堂迁至武昌东厂口之后，更名为方言学堂。千万别误会，当年方言学堂所设科目，并非当时中国各地的方言，而主要是洋文外语。张之洞的教育理念，是“中学为体，西学为用”。在他眼里，“中学”永远是基础，汉语是母语也是“国语”。“西学”可用，但西语永远只是“方言”。但“方言”对国家很重要，不掌握“方言”，可用之西学，也就无从学到手：“西学既极邃密，西书又极浩繁，若非精晓洋文即不能自读西书，若不能多读西书，既无从会通博采，更无下手取法之处。”[1]所以，当年方言学堂所设课目，除修身、文学、史地、算术外，主要课目为英语、法语、俄语、德语、日语等五国语言，与外语相配套的还有交涉、理财、教育等几门课程，这俨然是为外交和对外商贸培养人才。方言学堂是武汉地区最早的“外语学院”。前后从方言学堂出来的226名学生，有的出洋继续深造，有的分至各地担任外语教员、翻译，有的成为清政府办理洋务的对外交涉人才。方言学堂是武汉外语高等教育的摇篮，尽管之后改成国立武昌高等师范学校，成为武汉大学的直接前身，也为老武昌留下一条老街巷，名字就叫方言街。虽然，方言街现已成为武昌通衢大道——武珞路的一部分，但是，老武昌人仍习惯性地将其称为方言街。王世杰出任武汉大学首任校长，时年38岁，张之洞辞世已整整20年。王世杰12岁那年在张之洞面前所说的“为人杰，为尧舜”的人生目标，他应该实现了一半，估计也足可让恩师泉下有慰了。

四、三佛阁旁好读书

武昌城曾有座很有名的三佛阁。有关三佛阁的资料虽不少，但大多零碎，比如，三佛阁到底是一座“阁”，还是一座寺庙？虽都是建筑，但无论是功能，还是形态，区别是很大的。再比如，如果是寺庙，那么三佛阁供奉的是哪三佛？《武昌老地名》一书在介绍“读书堂街”的位置、走向、长度后，有这样的内容：“此街一名三佛阁，北宋仁宗天圣六年（1028年）济空和尚募化建造，名黄龙寺，元成宗大德初年（1297年），智惠和尚增修。元末，武昌成为群雄逐鹿之处，因战火频繁，寺也被毁。明永乐九年（1411年），妙惠和尚重修，改寺名为三

① ［清］张之洞著：《张文襄公全集》（第一册），北京：中国书店1984年影印本，第755页。

佛阁。清咸丰年间，太平军占领武昌，寺也被毁。1862年，崇明和尚又重建大雄宝殿和弥勒佛殿。1932年改为十方丛林。1938年重建山门，改名佛讲寺。”[①]这就将三佛阁的历史变迁说明白了，但供奉的三佛是哪三佛还是不清楚，因为寺内还有个“关岳殿”，供奉的是关羽和岳飞。据说三佛阁直至1995年才消失，估计是太破旧的缘故。照理说应该有相应的影像资料和文字资料记载其拆除过程。好在三佛阁的文气痕迹还在，由早年的读书堂街、三佛阁改名为读书院了，留有让人在脑海里构想当年此地佛事文事齐盛的空间。三佛阁作为武昌的著名丛林，香火旺盛是肯定的。张之洞在设计并建造两湖书院之前，就在这里办了一所文普通中学堂，与后来一街之隔的两湖书院形成中、高等教育对接的格局。当两湖书院改名两湖总师范学堂后，还在三佛阁办了初等小学堂，以供两湖总师范学堂的学生来此实习。如此多的教育机构，如此多的学生和香客，读书能养心修德，敬佛能净心养德，人间烟火和宗教香火在这里缭绕，两种文化在这里交融，让此处比两湖书院那边多了些浮世的意趣，东南边的歌笛湖也显得更有诗意了。实际上，到张之洞在三佛阁这里办学的时候，三佛阁作为“阁”的身份，已经淡化了。从《湖北省城内外街道总图》中可以看出，三佛阁没有明确的标志，只有一条读书街，读书街右上方是初级师范学堂旧址。

张之洞在此集中开办成系列的学堂，一来是看中了三佛阁这块地方文化氛围很浓厚，二来学堂成系列且相对集中，也为各层级教育的对接降低了办学成本。为此，他把原来的自强学堂改名为方言学堂，从三佛阁迁到东厂口，在自强学堂旧址办起了文普通中学堂。方言学堂实际上是外语学堂，方言学堂的学生，不准参加科考，且录取条件极其严

---

① 政协武汉市武昌区委员会编：《武昌老地名》，武汉：武汉出版社2007年版，第45页。

苛。因此，有必要与普通新学堂隔离。文普通中学堂，1903 年正式开办。从当年三镇尤其是武昌老街巷里教育机构的布局来看，张之洞对教育改革是有整体设计的。旧有的以经学科举为核心的教育体系，在张之洞看来，废除是迟早的事。事实上也是如此，1905 年 9 月 2 日张之洞等人就奏请清政府，停止科举，推广新学堂，咸趋实学。清政府诏准自 1906 年开始，一律停止乡试、会试，各省岁科考试也一律停止，并令学务大臣迅速颁发各种新的教科书，责成各地督抚监督落实。至此，在中国延续了一千多年的科举制度被正式废除。可以想象，如果没有张之洞创办五路高等小学堂乃至后来的文普通中学堂这般试验性的举措，新学的推广不可能如此迅速。按照张之洞设计的新学体系，五路高等小学堂为初等教育，其上为中等教育，文普通中学堂即是。当初，张之洞给予五路高等小学堂毕业生的待遇，等同于秀才，照此推算，文普通中学堂毕业生的待遇，等同于举人。文普通中学堂，第一届招生 100 名，用现在的眼光来看，的确不多，带有很强的试验性质。但教职员之配置相当可观，30 多名教职员中，日籍教员 2 名，四年后，毕业生为 51 名。由此看来，淘汰率非常高，可见张之洞办学的严谨和管理的严格。毕业不易，入学也难。起点资格是五路高等小学堂的毕业生或各县乡持有学衙推荐信函的秀才。文普通中学堂严格的教学管理，张之洞认为是成功的，于是不久，就在昙华林开办了第二文普通中学堂，在武昌忠孝门亦即现小东门附近棋盘街不远处的勺庭书院，开办了类似于文普通中学堂的武昌府中学堂；在汉阳，以晴川书院为校址，开办了汉阳府中学堂。

位于三佛阁的文普通中学堂，从当年看，规模是很可观的。办学的硬件也非常好。不说别的，十多间教室，宽敞明亮，外观建筑看上去是亭阁式的。每间教室，都是一处亭阁，亭阁之间有距离，显得疏朗有致。教室亦即亭阁之间建有花坛，种植各种花草，有专门的花匠校工修剪管理。亭阁式教室的右侧，另建有纵列式的三排平房，作为自习室。左侧建有两层楼房，作为学生寝室。至于洗浴室、被称为“调养室”的医务室、饭堂，一应俱全。这也就罢了，让当时人们惊叹的是，除了大操场，还建了一处室内操场。当然，使用这些设施，都是免费的。学生入学时，学堂还发给每人绸袍、帽子、短制服、棉服、单服各一套，棉夹被各一床。热天暑季，每人配给白夏布蚊帐，冬季配发草绿色洋布帐。连鞋袜都发，每人每学期发布鞋一双，每年发短筒马蹄靴一双，甚至每月还发 300 文制钱作为理发费。在武昌普通人家还在用蜡烛、油灯的时候，文普通中学堂的学生们，教室和寝室都牵电线装电灯了。为避免停电影响晚自习，还每人配发蜡烛 15 支，想得真周到。至于教材，凡涉及西洋课程所需，比如英语、地理等教材，全部高价从国外进口，不计成本且一律免费。学生修业期满成绩合格，一律授予举人资格。这样优越的学习条件，可见当年张之洞对新学的热衷和重视程度。

武昌的三佛阁旁，办了这么一所学堂，让这条古老的小街巷，一时间充满时代的朝气和对未来世界的憧憬。

优越的学习条件和优厚的待遇，应该出人才。

事实上，也是如此。

位于三佛阁的文普通中学堂，走出了不少出类拔萃的人物，比如董必武、石瑛。

董必武，1886 年生，原名贤琮，字洁畲，号璧伍，湖北黄安（今红安）人。粗略梳理其简历如下：

1903 年，考取秀才。

1905 年，考入武昌文普通中学堂，1910 年毕业，后在黄州教书。

1911 年，加入中国同盟会。

1914 年，留学日本，考入东京私立日本大学学习法律，在日本加

图 3-4　董必武

入中华革命党，这是孙中山创建的革命组织。

1915 年 6 月，回国从事反袁活动，两次被捕入狱。

1919 年，在上海参加了五四运动，后又在武昌创办了一所以“武汉”命名的中学，即“武汉中学”并担任国文教员。

1920 年秋，与陈潭秋在武汉建立中国共产党早期组织。

1921 年 7 月，出席中国共产党第一次全国代表大会，是武汉小组代表。

1928 年，赴莫斯科，进入中山大学和列宁学院学习。

1932 年，回国后，任中华苏维埃共和国中央执行委员。

1934 年 10 月，开始长征。到达陕北后，任中共中央党校校长等职。

1945 年，代表解放区参加旧金山联合国制宪会议。

新中国成立后，董必武历任中央财经委员会主任，政务院副总理，政务院政法委员会主任，最高人民法院院长，全国政协副主席，中共中央监察委员会书记，中华人民共和国副主席、代理主席。1975 年 1 月任第四届全国人民代表大会常务委员会副委员长，是中共第六届中央委员、第七至九届中央政治局委员、第十届中央政治局常委。

1975 年 4 月 2 日，在北京逝世，终年 90 岁。

董必武是中共创始人之一，是新中国的重要领导人之一，也是从武昌三佛阁这条老街巷的文普通中学堂走出来的一位国家级领导人。董必武历经两个时代，从学问的角度而言，他老人家是真正的满腹经纶。他的人生阅历，与中国近现代的政治风云密不可分，在时代潮流中，董必武将自己塑造成一个从旧时代向新时代奋进的朴实而睿智的弄潮儿。董必武学养深厚，却从不自矜，在中国共产党队伍里，他是与谢觉哉、徐特立、林伯渠并列的“长征四老”。就术业专攻而言，他尤其擅长政法工作。

抗日战争期间，董必武来到重庆，以中共参加国民参政会参政员的身份，与国民党顽固派进行了英勇机智的斗争。1944 年远在延安的中共中央提前为他做六十大寿，专门发去祝寿电文对他的功绩做了高度的评价：“现在你正代表着党站在抗日民族统一战线的前卫地位，高举着毛泽东同志的旗帜，不屈不挠地奋斗着。你是中国民族解放、社会解放的老战士，你是中国共产党的模范的领导者之一。中国共产党、中国人民为庆祝你的生日，将感到光荣。”

董必武也是在《联合国宪章》上签字的第一位中国人。随着德国战败、日本投降，第二次世界大战就此结束。世界人民所期盼的和平在招手，可和平并非唾手可得。世界政治格局的大变化，奔向美好前景的途中往往隐藏着风险或陷阱。中国人民不可能忘记，第一次世界大战结束后那段令人匪夷所思的屈辱历史。第一次世界大战，中国也是战胜国，但中国这个战胜国反倒被宰割了一刀，而且是在世界舞台上公然地赤裸裸地用所谓“合约”的法律形式予以宰割。这就是 1919 年 5 月 4 日北京学生罢课上街游行示威乃至举国各界呼应的起因。我们把 1919 年 5 月 4 日的举国激愤称之为“五四运动”，把 1919 年作为中国近代史与现代史的分界线，不忘国耻，应该是其中意蕴之一。第二次世界大战，中国人民付出了巨大的民族牺牲，理应挺起腰杆，堂堂正正在世界舞台上宣示，中华民族是世界大家庭中应该受到尊重的一员。第二次世界大战胜利前夕，日本侵略者败局已定，美英苏等大国已经在筹备一件大事：准备在战后成立联合国。这次美国之行，董必武既是国民政府代表团成员之一，就国内政治力量而言，他实际上也代表着中国共产党，出席在美国旧金山举行的联合国制宪会议。在旧金山期间，董必武向旅美侨胞和国际人士介绍中国共产党的纲领和解放区各方面的成绩，展示并扩大了中国人民革命在国际舞台上的影响。在联合国的创建过程当中，中国积极参与，中国代表提出了很多建设性的意见。中国作为一个半殖民地半封建社会的国家，对世界上那些弱势国家的遭遇有非常深刻的体验。中国积极为那些中小国家说话，表达他们的呼声和意愿。这些都充分体现在《联合国宪章》制定的过程中。董必武等中国代表提出，首先，联合国应该基于公平正义的原则；其次，要强调《国际法》的作用，反对那种藐视《国际法》的做法；另外，还表达了中国愿意促进各国间的经济合作，经济社会的发展也应该体现在联合国发展过程中的愿望。中国的这些意见都被吸收到《联合国宪章》中。后来，董必武逝世的消息传到联合国总部，时任联合国秘书长的库尔特·瓦尔德海姆，发来唁电，盛赞董必武对联合国工作的贡献，称其为“联合国的创建人”。

中共有“长征四老”，民国时期有“湖北三怪”。

中共“长征四老”之一的董必武，和民国时期“湖北三怪”之一的

图 3-5　石瑛

石瑛，是三佛阁文普通中学堂的同窗。

这两个人虽曾同窗，都在武昌三佛阁这条老街巷里度过几年青葱岁月，但在此后近四十年的岁月中，他们都在各自的人生舞台上，扮演各有特色的角色，展示各自的才华和人生价值。

董必武是中共创始人之一，中共“一大”代表；石瑛是国民党“一大”中央执行委员。这两位武昌出来的校友，董必武寿至鲐背，誉满中外，可谓是福寿双全，“功德圆满”。石瑛之所以能青史留名，是因为他的“怪”。

先还是简单列一下石瑛的简历：石瑛，字蘅青，1879 年出生，祖籍湖北省阳新县王英镇。曾官费游学欧洲，初至比利时，再入法国海军学校学习海船制造与驾驶专业，后又去伦敦大学主修铁道工程。历任武昌大学教授和校长、武汉大学工学院院长、国民政府湖北省建设厅厅长、浙江省建设厅厅长、南京市市长、湖北省临时参议会议长等职。

石瑛的“怪”，其实就是与他当时所处的政治环境不合拍。处世特立独行，行事秉公办理，做人清廉如水，是石瑛“怪”的内涵，在当时，这肯定吃不开。这种“怪”，恰为世人心里佩服，口里称赞。

石瑛的“怪”，有三个特点：一是特立独行，在他管辖任上，凡是有碍民生的工程，不管是谁提出来的，一概驳回；二是哪怕对方官阶权势再大，只要不合法规，一概斗争到底，文的不行就来武的；三是严格自律，在位期间清廉如水，粗衣粝食。

林森亲自提出要扩大中山陵园，石瑛当即反对。理由是，如扩大中山陵园，将使附近千百户人家流离失所，将会毁掉上万亩农田，夺去许多农户的生存根基。为公事，石瑛向来疾恶如仇，曾在国民党中央委员会上，因孔祥熙故意刁难有益民生的财政拨款而当众用墨水盒砸孔部长，因打戴季陶而丢掉国民党中央执行委员的头衔。

石瑛与孔祥熙之间的冲突，那是石瑛任南京市市长时所发生的事情。

时任国民政府财政部部长的孔祥熙，掌管着国民政府的钱袋子，而其子女明里暗里开办的、插手的企业，却偷逃国税。对此，谁都知道，可谁都是敢怒而不敢言。石瑛到南京上任后，见弊政如此，追根溯源，决定拿孔祥熙开刀。

首先，在国民党的报纸上，石瑛发布了两个通告，一个是《减免小商小贩捐款的决定》，另一个是《清查房产契约催缴大户税款》。很明显，这两个通告一是减轻老百姓的税负，二是增加权贵家族的纳税额度。恤贫抑富，一利民生，二利国库。通告发布后，石瑛派自己的心腹、新上任的南京市税务局局长胡忠民亲自拜访孔府，“顺便”送上税款催缴单，单子上注明，孔家税款，必须三日内缴清。

哪知还没等胡局长进门，孔家二小姐就冲了出来。这位孔家二小姐，聪明绝顶又行为怪异，区区南京市税务局局长，在她眼里，根本不算什么。她明白，税务局局长上门所为何事，连问都没问，一把抓过税款催缴单，边撕边冷笑道：“你谁哦？也敢来找我家麻烦？”

胡局长自然知道这位孔家二小姐不好惹，也知道这趟差事是个烫手山芋，也知道他是“秀才遇到兵”，就直接说：“不是找你家麻烦，而是你家应该缴纳的税款，一直没有缴纳，这样吧，请孔部长出来说句话。”

“让我爸出来见你？大白天做梦哦？赶紧走吧！”

俗话说，兔子急了还咬人呢，胡局长一股气就冲了上来，命令税务警察冲进孔府，拣值钱的东西搬，直至搬到与税款相抵为止。局长有税警，孔府有警卫。孔家二小姐叫出了保卫孔府的警卫连。

眼看这情形，石瑛出场了。只见石市长掏出一张纸片，若无其事地说：“文戏武唱，没必要吧！这样，这里有一份启事，是我石某人亲自起草的，请交给孔部长看看。如若孔部长有什么想法，务必于今晚 8 点前通知我一声。假如到时我没接到孔部长的电话，这份启事，明天就登在《南京日报》上了。”

说完这几句，石瑛又转身交代税警：“我是南京市市长石瑛。孔家二小姐既然不让你们进门，你们莫进门了，就在外头，执行保护纳税人安全的任务。纳税人是我们的衣食父母，他们的安全最重要，尤其是在他们没有办完纳税手续之前。守着，为避免我们的纳税人受到伤害，出入此门者，格杀勿论。”

说完，又转身对满脸怒气的孔家二小姐说了四个字：“我叫石瑛。”

虽然孔家二小姐非常跋扈，但是“湖北三怪”的名头，石瑛尤以清廉不怕事出名，且行事风格，她孔家二小姐也是知道的。当天下午，孔家所欠税款，全部缴清。当然，清官难当，没过多长时间，南京市市长就换人了。

不过，石瑛离开南京市市长位置，与孔府有关，但还不是直接的关系。客观地说，他是自己辞职的。就在“孔府税款催缴事件”发生不久，1935 年 3 月的一天，南京市政府接到命令，第二天，日本《朝日新闻》访华代表团将到南京访问，市府官员必须全部到机场迎接。石瑛大怒，觉得此举简直有辱国格。于是，石瑛下令：“明天起，市府所有官职员，一律放假三天。”这是石瑛在南京市市长位置上下达的最后一道命令，下完命令，石瑛愤然递上辞呈，挂冠而去。

石瑛于 1932 年 3 月接任南京市市长之职，是买普通座车票进南京的。当时，南京市政府在车站举行了盛大的欢迎仪式，洋鼓洋号，排场很大。但他们在卧铺车厢门口等了好久，直到人去车站空，也没有等到他们的新任市长。他们不知道，新任市长石瑛，已经手拎旧皮箱，布衣布鞋，从南京市政府侧门进了市长办公室。由此，石瑛得了个“布衣市长”之雅号。任期内，石瑛精简机构，裁汰冗员；严格财经手续；多筑平民住宅，发放平民贷款；扶持旧有绸缎业，大力提倡国货；增设校舍，普及小学教育；禁烟，禁赌，禁娼，整饬社会风气。眨眼三年过去，石市长要走了。消息不胫而走，那天，没人动员，无数百姓来到街上，从石瑛的住宅，直到火车站，全是送行的，而且大都是跪着哭着，有那离得近的，拉着石市长的手，久久不肯松开。石瑛也是热泪盈眶，将跪在地上的百姓逐一扶起。就这么，从石瑛的住宅到火车站，并不长的一段距离，竟然走了一整天。

那时的石瑛因厌恶官场腐败，辞去南京市市长之职，又疾病缠身，不能以身抗击日寇，心生退隐又有所不甘。于是，又担任了“湖北省临时参议会议长”这个闲职，这个职务也是石瑛生前担任的最后一个职务。参议参议，就是参与议论，参与就行了。哪知石瑛倒认真起来，天天去上班。1941 年春，石瑛抱病主持会议，这会还真开得长，竟开了十多天，精力久耗，宿疾日深，加之平时饮食粗劣，他的胃病更加严重。1943 年 1 月石瑛被送至重庆医治，挨到 12 月 4 日，石瑛撒手人寰。收殓时，人们发现，石瑛全身上下没有一处不是土布缝制的。其实，石瑛自小并非是穷苦人家的孩子，祖籍湖北兴国州永福里朱家畈（今为阳新县王英镇），乃石氏登公第八十四世孙；祖父石凌云，父亲石怀澍，均为当地名儒，真正的书香门第出身。他之所以刚直不阿、清廉节俭，实为深受中国传统文化熏陶使然。

石瑛逝世后，得到了国共双方的高度评价。不仅居正、于右任、冯自由等都亲笔写了挽幛、挽联，而且，在石瑛逝世的第二天，中国共产党在重庆主办的《新华日报》发表悼念短评："石瑛先生值得我们追忆的是他从政的清廉自守和对官场奢浮的疾恶如仇。石瑛先生做的官并不小，要发财并不难，可是，他安贫如素。在抗战的今天，这样的操守是特别可贵的。"除发表短评外，《新华日报》还撰挽联云："从政清廉自守；处世刚正无私。"

1943 年 12 月 27 日，国民党党政军要员等 500 人，汇集在重庆，为石瑛举行出葬仪式。董必武代表中共中央，也以个人身份来悼念这位昔日同窗、辛亥革命的老战友。抗日战争胜利后，石瑛的灵柩从重庆歌乐山迁葬武昌的九峰山，也算是魂归故里，回到他年轻时求学的武昌。只不过，当年他与董必武一起读书的文普通中学堂已然没有了，但读书院，作为一条街，却还在。

五、两湖书院育风流

手头有两幅地图，一幅是《湖北省城内外街道总图》，一幅是 1990 年 12 月武汉出版社出版的《武汉地名志》中的《武昌区黄鹤楼街地名图》。这两幅图的地域大致相同，山体变化不大，有变化的，一是地貌有变化，变化最大的是水域面积。清代图里，原有的宁湖（古明月湖）没有了，都司湖没有了，让人很遗憾。二是街巷名称有变化，但这种变化不至于让人感到惊讶，街巷改名乃至有的老街巷消失，是时代变迁、城市化进程中很难避免的现象。比如当年的演武厅，现在是阅马场片区；当年的玉带街，现在叫大成路；当年的粑粑巷，现改名为八宝巷，也挺好的。原来的一些官衙、宗教建筑，因腐朽而拆除或自然消失或改作他用，比如都司署、江夏衙署、三佛阁，都属此类。从这里，可以看出武昌人对过往时代遗存的基本态度，对传统文化尤其是其中的精粹精华的尊崇敬畏并由此落实到传承和创新的实际操作中。最为典型的是，对这一带张之洞苦心经营多年的文化教育设施的修缮、改造和继承性的利用，尤其值得敬佩。

现在的武汉音乐学院、武汉市第四十五中学、武昌实验小学、人民电影院一带，加上都司湖和古明月湖周边一带，是当年的两湖书院，现在还保留着书院巷。从杏花天往西，过当年的兰陵路、长街（今解放路）、三佛阁一带，是武昌城老街巷中文气浓郁的地方，现在的读书院，应该是一种令人欣慰的纪念。张之洞秉持“旧学为体，新学为用”的理念，呈送给朝廷的《遵旨筹议变通政治人才为先折》的开头是这样的：“考日本教育总义，以德育、智育、体育为三大端，洵可谓体用兼赅，先后有序。礼失求野，诚足为我前事之师。”兴办新学，试图与时俱进，“德、智、体”全面发展，其整体构想大致是这样的：在科举制没有废除之前，有初等教育：蒙学和小学。蒙学为学前教育，设蒙养学堂，官督绅办，由官府编订教科书，由富绅集资捐办，无限额。小学为初等基础教育，分初等小学与高等小学两种。学童 10 岁以下入初等小学，初等小学由民间自办；14 岁入高等小学，高等小学始由官办，四年毕业。省城设五路高等小学堂，各定学额，各州县设模范小学堂一所。

与初等教育相衔接的是中等教育。省城设文普通中学堂和武普通中学堂各一所，入学年龄在 15～24 岁之间，文普通中学堂四年毕业，武普通中学堂另加半年在营当兵，四年半毕业。最后是高等教育，分文高等学堂和武高等学堂两种：文高等学堂，学生在学堂学习四年，出洋游历一年，共五年毕业。武高等学堂在省城设两所，一为武备学堂，两至四年毕业；二为将弁学堂，一般三年毕业，速成科一年半毕业。此外还有各门类的职业教育，如师范教育、实业教育和特别教育。师范教育有师范学堂，速成科学生年限 25～35 岁，一年毕业；正科学生限 20～30 岁，两至三年毕业。实业教育有农务学堂和工艺学堂。农务学堂，四年毕业。工艺学堂，附设艺徒额 30 名，四年毕业。特别教育有方言学堂、勤成学堂和仕学院。方言学堂，入学年龄 15～20 岁，五年毕业。还有勤成学堂，专收那些有志于学却因超龄而不能收入学堂的秀才，不分科目，不立年限，不限额数，有点成人教育的味道。此外还有仕学院，由各省选送在职官员，来此学习中西各门政治之学。这一教育层级架构很完整很系统：有幼儿园——东厂口（今武昌阅马场）、各乡县的蒙学即学前教育和初等小学教育，有高等小学教育即武昌老街巷里的五路高等小学堂，毕业生的待遇等同于秀才；有以文、武普通中学堂取代旧式教育形式，毕业生给予举人待遇。

表 3-2　武昌老街巷实业教育机构一览表

街巷名或地址	学堂或教育机构名称	开办时间
保集庵	武昌初等农业学堂	1906 年 8 月
保集庵	武昌中等农业学堂	1909 年 11 月
保集庵	武昌高等农业学堂	1898 年 10 月
昙华林	武昌初等工业学堂	1906 年 8 月
昙华林	武昌中等工业学堂	1907 年 11 月
武昌府通判衙门	武昌初等商业学堂	1907 年 10 月
武昌府通判衙门	武昌中等商业学堂	1907 年 10 月
昙华林	省城民主实业预备中学堂	1906 年 8 月
昙华林	省城工业讲习所	1905 年
武昌提调厅	省城商业讲习所	1908 年
武昌贡院	省城农业讲习所	1908 年
武昌劝业道	失业游民习艺所	1909 年

表 3-3　武昌老街巷军事教育、警察教育、
行政教育及管理机构一览表

街巷名或地址	学堂或教育机构名称	开办时间
武昌黄土坡	武普通中学堂	1903 年
武昌黄土坡	武师范学堂	1905 年
武昌南湖尚武桥边巡司河西岸	湖北陆军第三中学堂	1909 年
阅马场曹家巷	湖北陆军特别小学堂	1906 年

表 3-3（续）

街巷名或地址	学堂或教育机构名称	开办时间
阅马场曹家巷	湖北陆军讲武堂	1909 年
武昌通湘门	湖北陆军测绘学堂	1909 年
昙华林左卫城隍庙	湖北军医学堂	1906 年
阅马场	湖北警察学堂	1903 年
武昌胭脂山左麓	湖北法政学堂	1908 年
水陆街	湖北学务处	1907 年

表 3-4　武昌老街巷女子学堂一览表

街巷名或地址	学堂名称	开办时间
黄土坡长湖堤	省城官立女子师范学堂	1909 年
黄土坡长湖堤	省城官立女子两等小学堂	1909 年
阅马场	省城官立敬节女子两等小学堂	1908 年
龙神庙正街	省城官立第一启秀女子两等小学堂	1904 年
左二巷	省城官立第二启秀女子两等小学堂	1906 年
涵三宫街	省城官立崇实女子两等小学堂	1909 年

在此基础上，逐步进行高等教育试验，试验区就选在当年还碧波荡漾的宁湖和都司湖畔，教育机构的名字就叫两湖书院。两湖书院开办于1890 年，因经费主要出自湘鄂两省茶商捐资，生源也多来自湘鄂两省，

故书院也就叫两湖书院。其间，更名、升级多次：1903 年，两湖书院改为两湖文高等学堂，亦称两湖大学堂，1906 年改建成两湖总师范学堂，是晚清时期两湖地区规模最大的师范学堂。

张之洞对首次开办高等教育期望值很高，两湖书院早已不是唐宋时期聚徒讲学、皇帝讲经兼典籍收藏的场所，入仕为良臣，在野为大儒，是张之洞的期望，也是他的理想。两湖书院占地面积很大，有必要廓清其周遭的环境和老街巷。

两湖书院的西北面和东南面，各有一条名字很直白但非常专业的行业街，西北面那一条叫豆腐巷，一看巷子名，就知道这条巷子肯定以制作和销售豆腐出名。东南面这条叫粑粑巷，一看巷子名，就知道这条巷子一定与楚地风味小吃粑粑有关，至于这条巷子的经营户最擅长做何种粑粑，生意状况如何，可以不表。必须要说明的是，在汉阳、汉口的行业街里，街巷名称因其经营的专业性，有名称比较接近的，比如花布街、白布街，都是卖布的，颜色不同而已。只是汉阳、汉口卖早点也就是武汉人称之为卖过早的，无论其如何花样百出，还真没有以某种过早之物而命名的行业街。就拿热干面来说吧，三镇市民过早虽然首选热干面，但是至今也没有听说过有热干面街或热干面巷。老武昌两湖书院边的豆腐巷、粑粑巷，真正是独一无二。两湖书院正北面是八字街，东面连着的是吉祥巷。占卜起卦算八字测流年，是江湖行当之一，俗称“金行”。当年这八字街，不知道是不是“盘弄”这行当的人蛮多。照说不至于，因为这一行当有个忌讳，就是不太爱扎堆“经营”。不过也说不准，八字街后面是稠密的小街小巷民居人家，“金行”从业者们的“客户”很多。两湖书院东面连着的是吉祥巷，一听这名就舒服，与旁边的八字街很相配。豆腐巷西边就是大板桥、小板桥。当年从这大、小两桥徐行向南，是花香四溢的花堤。现在这里已无活水，便改名为清风巷，

图 3-6　两湖书院

毗邻部分则改成清风前街、清风后街；花堤加了个“街”字，就由堤而成街。这一带有二“桥”，总算给人留下了“忆念”的空间：清风徐来，撩两湖涟漪；花堤逶迤，送五里幽香；两湖相依，听书声琅琅。两湖书院南边，紧贴着都司湖的，分别是小都司巷、大都司巷、督署。督署是张之洞办公的地方。督署衙门在现在武昌造船厂内，旧痕虽有，已然面目全非。遥想当年，张之洞在他的办公处，有无可以登高远眺之处，以便这位为提升湖北教育质量而殚精竭虑的老人，登临北望两湖书院的校舍？署衙左边分别是太平街、把总巷、吴家巷和明代的都司署。过兰陵街，就是三佛阁，这一带现在叫读书院，可见武昌人文化传承的自觉和自信，已然浸润其中。三佛阁与街对面的都司湖、宁湖隔街相望，实际上就是文普通中学堂与两湖书院相邻。文普通中学堂的毕业生，是两湖书院的生源。张之洞当年的安排，真是显得既有政治头脑，又有经济头脑。

两湖书院周边不喧嚣的老街巷和官衙、宗教等机构相环绕，院内硬件设施和师资力量也堪称当年少有。院内有一主教学楼，相当于公共课的教室。主教学楼前有两间藏书的书库，可借阅，也可当阅览室。学生宿舍达200间，每间宿舍前有书房，后有寝室，房型与现在的一室一厅小套间相当。书院前有宁湖，后有都司湖，中间有绿道，绿道途中有亭有廊有榭，湖中荷红菱绿，优美而雅静。前人对读书这件事，看得很高，甚至很神圣。读书，先天条件必须是一块读书的料。天资聪慧，名师传习，个人勤奋，良友切磋，后天诸多优越的物质条件，是读书人的美梦。两湖书院，就是他们圆梦的最佳之处。那个年代，寒门子弟通过寒窗苦读成名的，不是没有，但达到或超过两湖书院毕业生水平的，还真不多见。

书院开设的课程有经学、史学、理学、文学、算学、经济学六门，实际仅设经、史、理、文四门。1897年仿学堂办法，改设经学、史学、地图、算学四门，每门课设分教一人，按日轮流上课，五年毕业。住宿学生每月发灯油费即今之助学金纹银4两；每月初一、十五考课，除少数特别不用心者外，都另有奖励。学院制度，每学期大考一次，张总督亲临考试现场，主持监考。随着西学东渐不断加深，两湖书院的课程设置也在不断调整。在两湖书院执掌教鞭的，饱学之士很多，如地理学家杨守敬、数学家兼翻译家华蘅芳等，都是十分专业的名师大儒。1897年两湖书院又一次进行课程改革，延聘一批博闻广见、学有专长的近代型教育家，这些当年被称为“教习”的名师，有的是旧学的饱学之士，有的是新学的敏锐探求者，有的是学贯中西的“怪才”。他们不仅术业有专攻，而且还有丰富的教学经验。当然，张之洞待他们也不薄，待遇相当优厚：分配房屋一栋——不是一套，而是一栋。月薪白银 100 两，而当时最高米价一石才值二三两银子。每逢书院开学，身为湖广总督的张之洞，一定要亲自率领文武官员，到书院参加开学仪式，与师生一起，向孔子的牌位行三拜九叩大礼之后，再率官员向主持书院工作的“监督”行叩首之礼。张之洞如此尊师重教，且身体力行，在两湖书院形成吸引高质量师资的“强大磁场”，最终使得书院拥有了一支高质量的师资队伍。短短 12 年间，两湖书院发展迅速，声名远播，影响极大。如清末民初著名教育家、史学教习姚晋圻（辛亥革命后任湖北省教育司司长），冶金专家李维格（后任汉阳铁厂总办），地理舆图学家邹代钧（曾任湖北舆图总局总纂），国内著名的数学家、翻译家华蘅芳，著名教育家、两湖书院监督黄绍箕（后被延聘为京师大学堂总办）等，都曾先后在两湖书院任过教习。

两湖书院学制为五年。毕业资格卡得很严，五年学完，合格者，择优报清政府请奖，并授予相应的官职。不合格的，不仅没有毕业证，而且没有如今“复读”或“补考”一说，直接回家，等于开除。一部分优秀学生，有的不等其毕业，就被官费保送出国深造。

两湖书院自成立至 1902 年的 12 年中，造就了大批人才，据清光绪三十四年（1908 年）至清宣统二年（1910 年）间，湖广总督咨报学部对曾在两湖书院学习过的 64 人做过跟踪调查。这 64 人中，此后留学者 30 人（其中留日 24 人、留美 2 人、留欧 4 人）；留学期间学的专业分别是：学教育专业者 7 人，学军事专业、警察专业者 7 人，学工业专业者 2 人，学法商专业者 9 人，另有 5 人所学专业不详。这 64 人中，此后服务于教育界者 47 人，参加革命者 14 人（詹才学、黄兴等），从政者 3 人。

1903 年，两湖书院改为两湖文高等学堂，亦称两湖大学堂。

1906 年，张之洞又拨款将其改建成两湖总师范学堂，附设初等、高等小学堂各一所，作为学生实习之处所，学堂规模也进一步扩大。从书院制到学堂制，张之洞走完了与西方学制接轨的过渡时期。于是，武昌，但凡有点历史的高校，都可以在两湖书院一带的老街巷里，找到自己的影子。

第四章
百业街巷　流光溢彩

一座老城市，无论规模如何，街街巷巷总比别墅公馆多，老百姓总比为官者多。老百姓一辈子，就是三个字：过日子。其实，稍作思量，人生一世，哪个又不是在“过日子”呢！只是“过”的场面、滋味各有不同罢了。“过日子”，乃汉语对生活本质或说是对生命本质的表达，真是精准而简洁。日子，你必须过，你不过都不行，日子或许可以理解成日常生活中的琐碎细节，其本质也就是光阴的意思。所以，“日子总得过下去”，这句经常回响在耳边的话，似乎有点无奈的意味，实际上包含着对人生的短暂与时间的无限此种理解的大智慧。由此生发开来，就有了或平平淡淡或轰轰烈烈，或坎坷崎岖或一帆风顺，或安贫乐道或进退皆忧等人生百态。回首当年，两江分三镇，三镇间的交通，以舟船为主。即使京汉铁路、粤汉铁路修通，长江、汉水上没有桥的年代，火车过江，也得靠轮船摆渡。汉阳、汉口、武昌之间的交往，绝无眼下便利；沟通，也绝无眼下顺畅。因此，三镇老街巷的人间烟火韵味，就有了种种不同。老武昌的市井风情，仅从老街巷的角度来看，就非常丰富。除了像保安街、中和门正街这类可以与长街比规模、比热闹、比繁华而且有自身特色的老街之外，行业街和各类与码头有关联的老街巷，是寻觅老武昌城市井风情很好的“入口”。

一、武昌城里行业街

行业街这个概念，应该比较古老，是现代商业街没有出现或尚不发达年代的产物。现代商业街，是由众多商店、餐饮店、服务店共同组成，按一定结构比例规律排列的商业繁华街道，是城市商业的缩影和精华，是一种多功能、多业种、多业态的商业集合体。现代商业街至少应具有购物、餐饮、休闲、娱乐、体育、文化、旅游、金融、电信、会展、医疗、服务、修理、交通等15项功能，至少50个业种，以期最大限度地满足广大消费者的各种需求。而行业街，是某一行业集中在一条街道上经营，甚至集生产与销售为一体，街巷以这一行业的产品或商品而命名。在城市规模和工业生产机械化有限的年代，行业街在促进城市商贸的规模化和集约化发展中，曾发挥过重要作用。从某种意义上讲，行业街，是城市商贸文化和市井文化形成和发展的基石。汉口从“五百年前一荒洲”发展为“天下四聚”的名镇，其商贸兴镇的诸多因素中，行业街聚集所发挥的“货卖堆山”的效应，是很重要的一条。老武昌，有“江流贤胜，大成武昌”的豪迈，有深厚的楚风楚韵的积淀，以文气浓郁著称。新中国成立之前，乃至近现代工业还不发达的晚清民国时期，三镇的行业街所承担的，基本没有精神层面的任务，仅仅就是与人生存的基本物质需求有关。不管是贩夫走卒里巷人家，还是达官贵胄社会名流，都直接或间接地是行业街的客户。五行八作三百六十行，虽说行行出状元，但不一定行行都有行业街。在眼下行业街已基本消失殆尽，甚至很多行业已退出都市生活圈的时候，回顾当年行业街的鼎盛和衰微，有可能生出些许淡淡的乡愁。

与汉阳、汉口的行业街相较，老武昌的行业街有自己的特点。第一是分布比较散。论总体数量，武昌的行业街，并不比昔日汉口的行业街少，但总给人以少的印象。这印象，是因为其行业街比较分散。武昌的行业街呈散状分布，是因老武昌城的城市布局和功能而自然形成的。在城墙没有被拆除之前，老武昌城内，以府衙众多、各级各类学堂等教育机构众多而闻名。这些衙门和学堂等教育机构，几乎占据了老武昌内城“风水”最好的位置，不是湖畔，就是山麓。这些衙门内的官员，往往在衙门内有自己的厨房厨师，官员们都有各自的宅子，宅子里自然少不了有吃饭的一套家什。各种宴请，或在自家府上安排，也可到附近长街一带酒楼饭馆解决。众多的学堂，都有非常齐备的膳食设施和工作人员，学子们无须外出解决吃食问题；教习们有各自分配的宅子，亦不必为吃饭问题劳神。至于与生存相关的其他所需，官府自有周到的安排，一律官费发放到位。内城民居形成的，多是些小街巷，皆因民生所需而兴起，也因购买力有限而规模不大。衙门学堂附近，亦不太可能容得比较“闹腾”的行业街尤其是与“脏、乱、差”沾边的行业街在此生存。比如，汉口的打铜街，整条街因打制铜壶铜盆之类器皿而整天叮叮当当的敲打声，不绝于耳；不远处原名戏子街（今名万年街）的，整条街以制作各类乐器为生，往年的那些艺人，也大都住在这条街上，整日里的锵锵锵、呀呀呀，衙门、学堂哪里受得了。即使允许与喧嚣热闹相关的行业街“落地”，生意也不可能兴旺。所以，老武昌内城文气和府衙气浓郁的地段，少有行业街，即便有，也是不怎么“闹腾”的规模小的行业街，比如豆腐巷、粑粑巷。武昌行业街的另一个特点是，有的行业街与所从事的行业之间，不一定名实相符，街巷名称或多或少带点传说色彩。像莺坊巷、赛宝巷、翠丰巷即是。可恰恰是这样的老街巷，名字颇有些雅意，竟然顽强地保留下来了。

表 4-1 老武昌部分行业街一览表

行业街名	所在位置	当前状态
筷子街	今北城角	无存
灯笼巷	今楚材街中段西侧	尚存
杨纸马巷	今粮道街中段南侧	尚存
粑粑巷	今解放路西侧	今更名八宝巷
豆腐巷	今彭刘杨路西	今更名清风巷
扎珠街	今八卦井后街西	今分成扎珠前街、中街、后街
竹子厂街	今中山路新桥至武泰闸北	尚存
玻璃厂街	今白沙洲玻璃塘北	今更名玻璃厂街、玻璃厂横街
厨子街	今青龙巷北	无存
磨子街	今把总署南	无存
莺坊巷	今粮道街中段北侧	尚存
赛宝巷	今起义街南端	尚存
翠丰巷	今解放路中段东侧	尚存
砖瓦巷	今积玉桥后街南端西侧	尚存
箍桶街	今砖瓦巷南与之平行	无存

❶ 筷子铺成筷子街

筷子，中国人天天用的餐具，也是中华饮食文化的标志之一，发明权肯定是在中国，后传至朝鲜半岛、日本、越南等国和地区。但若要寻找其发明人，一定很困难。就眼下而言，遍望世界各民族，把食物往嘴里放，所使用的工具，大约有三种：一是用手，直接往嘴里放；二是用刀叉，双手并用，一手用刀切，一手使叉插了往嘴巴里头放；三就是上面说的中国和接受中国人吃饭工具的地方，用筷子夹了往口里送。这三种进食方式，有一点可以肯定，那就是用手直接抓起食物放进嘴巴里头，是最早的方式。手是自己的，这工具特别方便。故而，如今非洲一些民族，进食基本用这种自带的“工具”。连大家都知道的被誉为四大文明古国之一的印度，用手抓吃进食，也很普遍。据说，印度人抓食物进餐，用哪只手，是有规定的。没见过，不好臆说。用刀叉进餐的民族，早先多半也是用手的。刀叉是金属制成的，而金属刀叉从矿石的冶炼到刀叉的制作，这一文明肇始，中国大致是在春秋时期或者是更早时期，外国人冶炼金属制作刀叉，即使比中国早，估计也不会早到哪里去。最关键的是，在发明冶炼乃至制作刀叉之前，用刀叉的民族，如何解决把食物放到嘴巴里去的问题呢？没有考证说明是用筷子或用别的什么物件。估计用手，比较靠谱。我想，中国人使用筷子，也有大致相同的过程。传说中，大禹忙着治水，三过家门而不入，可见时间宝贵到何种地步。见鼎煮的沸腾的食物难以吃到口，随手折断身边的两根荆条，从沸腾的鼎中夹起食物，将滚烫的吃食吹吹，再放进嘴里，当是可信的程序。荆条、比较粗硬的小木棍等，这些或许都是最早的“筷子”。这种工具一旦被发现，一经效仿推而广之，就可称为发明了。发明是有文化含量的。于是就有了各种对于筷子的研究，连筷子的称呼都被列入研究之列。据说，筷子的“筷”字也有个发展演变的过程。“筷子”这个词，在汉语里有关的读音就有三个，与之相关的字，最少有六个，常见的是箸，一个竹字头加一个“者”。明代一部书里说，现在吴中也就是江浙一带，这个箸就不叫箸，叫筷子。原因是因为江浙一带的人撑船的多，船家撑船有很多讲究，也有很多忌讳，说这个“箸”与“停住”的那个“住”字同音，撑船的人总想着能够一帆风顺，“住”同“定”，定住不走了，很不吉利，于是就把这个“箸”改成“筷”，快快地走，而这一“筷”，就“筷”到如今了。

其实，促成筷子诞生，最主要的原因还是因为熟食烫手。上古时代，因无金属器具，再因兽骨较短、极脆、加工不易，于是先民就随手拿细竹和树枝来捞取熟食。当年处于荒野的环境中，人类生活在茂密的森林、草丛、洞穴里，最方便的材料莫过于树木、竹枝。正因如此，小棍、细竹经过先民不断完善，筷子的雏形逐渐出现。这是人类在特殊环境下生存的进化性选择。从现在筷子的形体来研究，它还带有原始竹木的特征，即使经过数千年的发展，其原始性依然无法改变。当然，任何传说，总是经过历代人民的取舍、剪裁、虚构、夸张、渲染甚至幻想加工而成的，大禹创筷也不例外。传说，终归是传说。筷子这一取食工具，其数千年不断摸索而形成的制筷过程，演变成传说，将其附会到大禹这一典型人物身上，也是好意，也是很多美好传说不被人否定并被广泛传播的原因之一。其实，筷子的诞生，应是先民的集体智慧，并非某一个人的功劳。不过，筷子可能起源于禹王时代，经过数百年甚至上千年的探索和普及，到商代成了和刀共同使用的餐具。你看那水泊梁山的好汉们，大碗喝酒，大块吃肉，筷子肯定就派不上用场了，还是手和刀比较方便。

武昌的筷子街在今武昌区中华路西端北侧北城角，是明代古巷。考其来历，多数对武昌筷子街有兴趣者，往往认为与明末江西填湖广人为的移民事件有关。例证有二：一是至今武汉市的黄陂、新洲两个远城区，有人从族谱中找到并相信自己祖上是从江西迁徙过来的，而且是从江西“筷子巷”迁徙过来的，祖上就是从事筷子制作的手艺人。其中一部分在武昌早年的西城壕一带定居下来，并从此沿江筑堤，购买竹子，把竹子浸泡在堤边的水凼中，继续制作筷子的营生。逐渐，沿堤成街，于是，就有了武昌的专一制作并销售筷子的一条小街。俗话说，民以食为天，遍观三镇，商贸最为发达的汉口，尽管行业街不少，就是没有以专一制作并销售筷子的行业街。筷子街形成雏形之时，或许不被重视，但经年累月，名声就不胫而走，于是，大批竹排通过武汉关码头以西、衡善堂码头以东的水道，驶入进来了。筷子业中这些来自江西的老表，就将竹子泡在湖中，以防干裂，把制成粗坯的筷子摊到堤上晾晒，以便进一步加工。于是，在有了筷子街的名声后，又有了筷子湖、筷子堤的地名。筷子制作形成行业街，在武昌是独一份，在三镇的行业街中也是独一份。想想，筷子是人人离不开的，价钱也不贵，又属于易耗物品。按中国人图吉利的观念，一个家庭，碗筷这东西，既离不开，又忌讳越用越多。所以，如果哪家孩子摔破了碗，家长不仅不会骂，反而会笑着说：好，打（音“嗒”）得好，越打越发。筷子也是如此，换筷子，尤其是逢年过节，家家户户都会换新筷子，图的就是个吉利。筷子的需求量既然难以计数，那么，武昌筷子街的名声和发展速度，可想而知。于是，在筷子堤下，在筷子湖畔，筷子业工人用竹木架起吊楼，有模有样地在筷子街发旺起来。清同治年间，是筷子街最兴旺的时期，有筷子作坊一百多家，生产的筷子色泽鲜艳，坚实耐用，驰誉全国。别看筷子不起眼，两根竹棍而已，其实，能够像筷子街出产的筷子那样驰誉全国，除了产品的形制、色泽等质量因素外，筷子制作者的辛劳，是人们不应该忽视的。制作筷子的竹材，一般都是从江西、湖南运过来的。武昌江对岸的鹦鹉洲，是当年三镇最大的竹木集散市场。湘籍的放排佬，晓得哪样的竹子适合制作筷子，就直接放排到大堤口上岸。制作筷子的竹子，一般都十来米长，筷子街有专门从事搬运的苦力人，把水淋淋、沉甸甸的竹子搬到堤上，为避免竹子开裂，丢进“筷子湖”浸着。浸泡这一程序，是必需的。竹子这物件，与木头有差不多的特点，“干千年，湿万年，不干不湿只半年”。筷子师傅分拣竹子，合用的，弄回作坊，锯成与筷子长度相当的一节节的竹筒。此后是劈竹，削竹，成型：一头圆、一头方，再就是上白桐油、上漆等一系列的工序。竹节疤是绝对不能用的。高档的竹筷子，要手感光滑，上有印花图案，“看相”漂亮。最后是捆扎，对应八双筷子一桌客的习俗，八双筷子一捆，规规矩矩对齐捆好。一双筷子制作完成，共六十多道工序，而这一系列工序，全部都是手工完成的。当年，武昌筷子街，最有名气的筷子经营店店主姓王，店名王天顺号。辛亥革命后，军阀混战，民不聊生，各行各业，生意凋敝，筷子街亦难逃劫难。人祸之后，又逢1931年的三镇大水灾，筷子街的原料和成品，大多被“打了水漂”。筷子业工人大都外出谋生或改行，只剩下王天顺等十二家筷子作坊还在坚守着这行人人都离不开的手艺活。直至筷子业采用机械化生产之后，筷子街与筷子街的传统手艺人，也就消失殆尽、旧痕难觅了。

有研究者说，筷子也是有文化的。筷子一头圆、一头方，圆的象征天，方的象征地，对应天圆地方。这是中国人对天地宇宙的基本理解。筷子成双，是中国太极和阴阳理念的物化：太极为一，阴阳为二；筷子可一分为二，也可合二为一，代表世间万物皆有两个对立面，也有凡事都期盼有个完美结局的意味。正规筷子的标准长度是七寸六分，代表人有七情六欲，以示人与动物之间的区别，吃饭时也时时提醒人们要节制不当欲望。另外，用筷子也有很多讲究，比如，手持筷子时，拇指和食指在上，无名指和小指在下，中指在中间，是为天地人“三才之象”，代表中国人对人和世界关系的理解。此类有关筷子的文化说道，太多了，有无道理，估计是见仁见智。不过，有一点可以肯定，这些“筷子文化”与武昌筷子街的历史及辛劳的筷子业从业者们无关。

❷ 传奇古巷杨纸马

民间把绑扎裱糊彩纸的行当称为扎彩，我们武汉把经营这行当的店铺称为纸马铺。

这个行当起源于何时，不好考究。早先诸侯们“薨”了，多兴以实物陪葬，而皇帝“驾崩”了，有时也会以活人殉葬，用不着纸扎纸糊的玩意——当然啰，也许民间的小民百姓家境不怎么好，没有什么拿得出手的物品给死者带到另外一个“世界”去，就用纸扎纸糊的物件，一把火烧了，风一吹，飘到不知何处——如果是这样的话，扎彩这个行当，还真不好说是什么时候就有的。

扎彩业或者说纸马铺的经营范围，大致有几个方面：一是为逝者服务，具体地说，就是为逝者扎制裱糊纸冥具等。本来，人生在世，孰能不死？人们对于死亡，一向看得很重。与自己有一定关系的人去世了，再也见不着了，采用什么方式悼念、纪念一下，即使这种方式带点迷信色彩，人们多半也能够理解。于是，就有了扎彩业的需要：给逝者扎糊些个纸牛纸马，以期到另一个“世界”去的亲人能继续耕作，自给自足，不愁没饭吃；扎糊些个纸箱纸柜，在逝者的坟前焚化，以期亡故的亲人在另一个“世界”里能继续使用。当然，随着这些扎彩物件焚化的，免不了还有一些“冥币”。

除此之外，扎彩业的另一项业务是扎糊顶棚等，这倒是直接为活人服务的。旧时民居，多为那种屋顶起脊的平房，房子造成之后，一般是没有天花板的，抬头就是人字形的屋顶而已。穷窘人家，也就罢了。稍微讲究点的人家，就需要造个“天花板”了。其实，这就相当于眼下居室装修里的“吊顶”，只不过旧时没有装修和吊顶这一说。需要“天花板”的人家，就到纸马铺请扎彩匠来扎糊一番：先用木方楞和木条作“龙骨”，在屋檩子上钉牢，造出一展平的平面来，再用粗

图 4-1　老武昌一大户人家出殡场面，扛棺者达二三十人

苇秆绑扎成一些方格来，扎缚在龙骨上，然后用糨糊将纸糊在这些方格上。最后一道工序就是在纸上粉刷白浆，等白浆干透，白晃晃的顶棚——天花板就很耐看了。扎彩业的第三项业务是扎糊喜庆牌楼。这是在户外做的活，客户绝对是家财万贯的大户人家，为自家某种喜庆事件，如嫁娶或升迁之类，图的就是个显摆。另有官府或民间机构，因某一喜庆事或迎接某位贵人，为表达恭敬或诚意，弄个大的花哨场面。对于纸马铺来说，这就是大买卖了。扎糊喜庆牌楼，工艺技术和工序用材与扎糊顶棚相差不大，也就是先用龙骨做架，后用苇秆之类绑扎造型，再在其表面糊一层纸，只不过扎糊顶棚一般用白纸，少有用彩纸的。喜庆牌楼肯定要用彩纸糊：红喜事用红底彩花扎糊，白喜事用蓝底白花扎糊。

旧时武汉的扎彩业还是相当发达的，纸马铺遍布三镇，还留下了一些以此行当而命名的行业街巷。其实，与纸马铺技艺相近的行当，还有如扎灯笼、扎花灯之类，只不过纸马铺做得最多的还是纸扎的冥具。为图吉利，相近的行当不愿与之为伍，另立扎灯笼扎花灯的行当，所以，旧时武昌，除了杨纸马巷，另有这类行业街巷如灯笼巷以示区别。

武昌的杨纸马巷，巷内多纸马铺，以一杨姓扎彩匠的手艺最为有名，故在纸马巷前特加一“杨”字。汉口也有一纸马巷，巷名前未加姓氏，应该是活儿没杨氏做得好。杨纸马巷的杨家，手艺精湛，工艺流程一点也不马虎：先用竹篾扎成骨架，用麻皮拴缠加固，外用色纸或丝绢裱糊，再用彩画装饰，最后用纸花、绣球、流苏等点缀。杨师傅的扎彩很有地方特色，细节处也很注意，剪扎工艺显得很简练，用色对比强烈，给人以明快感。至于造型，用武汉话说就是胆子大，文雅的说法则是很夸张。杨师傅很注重作品的针对性。丧事用的帛幡，他往往用白鹤为“幡头”，寓意逝者驾鹤西去，但对人世间及其亲人依依不舍而不愿远去。幡身、幡尾以凤凰为造型，颜色采用以石蓝色、翠绿色为主的冷色调，以营造出一种哀伤的气氛。

新中国成立之前，尽管扎彩业和纸马铺的生意很“兴隆”，但由于种种可以理解的缘故，无论是在“三十六行”里，还是在“七十二行”里，都没有其位置。这与棺材铺亦称寿材铺在行业中的尴尬地位有些相似。旧时棺材铺里的“商品”，照理说应该比纸马铺里的“商品”更为必需。在普遍盛行土葬的年代，逝者只要不是没有亲人或实在是家徒四壁，可以不要纸马铺的扎彩物件，再怎么也得有口薄皮棺材入土为安吧。“唯恐生意太好；但愿主顾莫来”，“不求门庭若市，顾得温饱即可；但愿世人长健，落个清闲何妨”，这是旧时棺材铺门口贴的对联，很友好，很谦和，也很低调。即便如此，棺材铺在行当里，最多也就只能归于木匠所属的匠作行，不能剥离出来独立成行。纸马铺，在旧时，只能归于“五花八门”里。所谓“五花”，就是金菊花——卖茶女，木棉花——游医，水仙花——酒楼歌女，火棘花——玩杂耍的，土牛花——挑夫；所谓“八门”，就是一门巾——算命卜卦的，二门皮——卖草药的，三门彩——变戏法的，四门挂——江湖卖艺的，五门平——说书评弹的，六门团——街头卖唱的，七门调——搭纸棚的，八门柳——高台唱戏的。纸马铺、扎彩业，在“八门”中排名倒数第二。倒是一首《竹枝词》描述的当年老武昌城扎彩业应用于民间的场景，很有规模：“亲朋执绋导前旌，仪仗衔牌记不清。祭幛如□分五采（彩），也教传送吓编氓。”[①] 将扎彩业归于“八门”倒数第二，似乎有失公平。

眼下，早已没有像杨纸马巷那样规模的行业街了，但扎彩这个行当，还存续着。至于武昌的杨纸马巷，它也还在，且以老街巷的形式，留存了这一有文化价值的行当记忆。

❸ 岁月凿出磨子街

老武昌城，曾经有条磨子街。说曾经有，是现在已经没有了。从《湖北省城内外街道总图》中来看，磨子街的确是有的。磨子街呈南北走向，北起把总署，从土地庙和大公馆之间穿过，南抵保护营铺。选择在这里从事凿石头的苦行当，是有道理的。从保护营铺向东南走，没几步，就是武昌城十大城门之一的保安门，而保安门外不远处，就是与巡司河、长江相通的各种码头，为进各种沉重的石材提供了可能和方便。

---

① 徐明庭、张颖、杜宏英辑校：《湖北竹枝词》，武汉：湖北人民出版社 2007 年版，第 76 页。

磨子街的主要业务是凿制各种规格的石磨。在没有电力研磨机的年月里，磨子和磨子街，是有生存空间的。在上述地图上看，如果从磨子街向西北画一条直线，可以看到磨子街与另外两条行业街形成一串，那就是粑粑巷和豆腐巷。这两条老巷子，不一定需要磨子街，但绝对需要磨子。做粑粑，无论做何种粑粑，把米弄成米浆，是必需的工序。同理，把泡好的黄豆弄成生豆浆，也是绕不开的工序。这中间的两个“弄”，准确的表达应该是“磨”。既然是磨，就离不开磨子。再说了，户部巷的面窝，乃至遍布武昌街街巷巷的过早铺子、摊子，热干面、凉面、欢喜坨，随便哪样吧，在成为香喷喷、甜丝丝的风味过早之物前，磨，这一道工序，是绝对少不了的。我们生活的世界就是这样，有需求就会有市场，需求量大了，市场体量也就大了。市场中的各行各业，说到底，就是条“生态链”。任何一环断了，生态圈的紊乱就出现了。既然磨子的需求量如此大，制作磨子的人就不会少。没有具体的资料呈现当年武昌磨子街的林林总总，但是，从制作石磨这个行当的特点来看，从业者一定不会少，而且会相对集中。从业者少，不会成街；从业者分散了，石材和成品的搬动就是个问题。于是，制作磨子，乃至成磨了街，就成为必然。

磨子，比较斯文的说法是石磨，制作磨子，准确的表达应该是凿石磨。凿石磨，属匠作行石匠中的一个分支。在“三百六十行”里，某一行当分出若干分支，很常见。就拿木匠这个行当来说，就有大木、小木、圆木几种分支。大木是建造房屋的木匠，小木是制作家具的木匠，圆木是制作圆形或近似圆形木盆、木桶之类的木匠。在诸行百业里，石匠，是古老且辛苦的行业之一。

说其古老，应该可以追溯到人类有文字记载的历史之前——当然，具体时间不好说，总之那时，估计我们人类的祖先们才刚刚从树上下来

图 4-2　放置在石凳上的石磨

不久，过上了用两只脚行走奔跑、用一双后来我们将其称为手的前肢采食取物乃至劳动的生活。尽管，那时的人类，没有布，更没有丝绸等，多半还光着身子，而且，很可能，浑身的体毛还没有完全褪掉，但是，已经是“一撇一捺”的人了。之后，祖先们采集素食、猎取荤食，所使用的工具，就是以石头为原料制作的。据考古成果证实，在人类有文字记载的历史之前，祖先们制作的石制工具，多是些石刀石斧之类，看上去粗糙笨拙，估计用起来也还方便。其实，原始人的这种创造性劳动，已经很不简单了。有这么一个常识：任何工匠的劳作制造，必须要有工具，而制作工具的工具，叫匠作工具。那无法考证具体年月的当年，原始人制作的石刀石斧，就是工具，而他们制作这些工具的时候，没有后代专业石匠们用的钢凿、铁锤，而凿子锤子，是石匠必备的匠作工具。原始人是怎样制作出石刀石斧来的呢？是用一块原本就比较尖锐的石头击打另一块石头？击打得有石刀石斧的模样之后，再在身边的糙石板上细细地磨出锋刃来？没有文字记载，没有图片画面流传，凭常识推断，估计大体如此。这样看来，原始人制作石刀石斧这类石制工具，其难度，比后来者大多了。

能制作出石刀石斧来的人，应该可以称其为石匠了。当然，那时的石匠是否如后来的石匠这般专业，从业人数多少，是男性还是女性，皆无从稽考了，但有一点是可以肯定的，制作石刀石斧的原始人，应该是最早的石匠了，而且“鼓捣”这石器的人还不少。石刀石斧多了，留给今人发掘的遗存就不会少，要不，历史学家、人类学家，是不会用“石器时代”来界定我们人类文明史的一个阶段的。

人类文明进入青铜器时代、进入铁器时代，乃至进入如今的飞船遨游太空、电脑普及时代，早就告别石器时代了，但是，石器还是要的，因此，石匠，也还是有的。

与石器时代的石匠们相比，现代的石匠，匠作工具自然是锋利了，某些特殊的石器制作，比如玉石的雕琢，其工具，不仅仅是用凿子或锤子，已经发展得更专业，种类更是五花八门了。但无论如何，石匠这行当，总是非常辛苦的。

说石匠辛苦，只要看过石匠作业，就会略知一二了：首先是累。石头不是棉花，也不是泥巴。弹棉花的、塑泥人的，固然也辛苦，所面对的材料毕竟不那么沉重。如果要雕琢诸如大型石兽一类物体，仅仅就是搬运石头，动辄就得几十人的团队合作。石匠凿石头，不是木匠凿木头。木匠在木头上凿榫头眼，再硬的红木檀木，也一凿一片木渣，最多几十下就可凿好一个榫头眼。石匠在石头上凿眼，没有半天或一天的时间，绝对完不了工，而且，这中间，肯定要换好几次凿子。可以想象，半天或一天的时间，挥动沉重的铁锤，那手臂，累；掌凿子的手，被千百次的重击所震撼，同样累。还有其次、再次，比如，说不准被石渣所崩伤，搬石头时肢体哪个部位被擦破皮甚至被砸个伤口什么的——这还算是偶然吧，再比如，长期吸入石粉，对呼吸系统的损害，是不可逆转的。

当然，早年武昌磨子街的石匠们，没有凿制大型石制构件的工作，更没有凿制造型精美复杂诸如石兽石牌坊之类的业务，就专一凿制磨子。而要凿制一款符合客户需求的磨子，也是很不容易的。磨子，磨大眼小，看似粗糙，实际上，是很有技术含量的。把石坯凿成两块尺寸一分不差的圆，已然不易。两块磨片之间那些看似粗糙的石槽，却大有讲究。磨米、磨麦，石槽应比较细密，磨豆子一类食材，要求粗中有细，上下石槽，既要纹理相合，又要有相互交叉的研磨功能。这些，全凭一双糙手，一把锤子，一把凿子，力道眼神，凭的，就是个感觉。

据说，石磨是鲁班发明的。传说鲁班用两块比较坚硬的圆石，各凿成密布的浅槽，合在一起，用人力或畜力使它转动，就把米麦磨成粉了。磨子发明之前，祖先们把谷物放在石臼里用杵来舂捣，方便加工成不同口味和风味的食物，便于不同年龄段的食用者消化。而磨子的发明把杵臼的上下运动改变成旋转运动，使杵臼的间歇性工作变成连续性工作，这无疑在很大程度上减轻了劳动强度，提高了食材加工效率。古代粮食加工工具的这一进步，在武昌的磨子街上得以延续，很让人欣慰。磨子是否为鲁班发明，已无从稽考。也有将“五丁”说成是石匠祖师爷的。据相关史料记载，五丁是先秦时期古蜀国的五位大力士，因能开山移石，而且具有匠心独运的手艺，开创了凿石业的先河，后人为了纪念他们所做的贡献，将其供奉为石匠的祖师爷。按这个说法，那么，石匠的祖师爷就是一个团队了，如果要修建一座石匠庙，得供奉五位大力士。截至目前，还没听说有石匠庙，更没有磨子庙。但老武昌城曾经有过磨子街，只是后来消失了。

武昌磨子街的消失，应该和保安门正街的开通有关。好在如今石材加工，无论是豆腐、粑粑，还是热干面、欢喜坨，都有电力研磨机了。凿制石磨，作为一个行当的分支，其消亡，也是必然的。但是，我们还是应该记住，武昌老街巷里，有这么一条为我们多彩而甜蜜的生活，肩负过沉重辛劳的老街。

❹ 啼笑皆非赛宝巷

武昌有条老街巷，叫赛宝巷。这条老巷子，在《湖北省城内外街道总图》中没有标示。武昌这条巷名很“大气”的巷子，其实很短，仅有140 米左右。如此短的小巷子敢于“赛宝”，应该是“拥有”很多的宝物。当年赛宝的“赛”，有点如今网络流行语“晒”的意思，当然，无论是“赛”，还是“晒”，终归还是做生意。

据说，赛宝巷这个做“宝物”生意的巷子，有点像北京的“鬼市”。当然，北京的鬼市，比如有名的潘家园，也绝不是“鬼”在那里做生意，买卖的物品也不是“鬼之物”，而是些各自标榜为珍稀物件的古玩字画之类。鬼市的概念，与这类市场开市的时间有关。旧时北京的鬼市又被称为夜市或晓市，时间大致是从黑乎乎的半夜开始，到天亮拂晓前收市。一到天亮，买卖双方都不见了。老北京人自嘲为“三更半夜撂地摊的买卖”。老北京的鬼市，形成于晚清民国期间。鬼市形成的原因，其实很简单。晚清时期，时局动荡，皇权气数将尽，皇帝的宝座都快保不住了，手下臣子们自然是人心惶惶。那些清朝遗贵，破落富豪，家道败落者，无以糊口，就只能以变卖祖宗留下来的物件，苟且维生。这些曾显赫一时的老爷们，穷是穷了，脸面还是顶看中的，深夜和天亮前半明半暗的时辰，揣了古玩字画之类，偷偷地到街边一蹲，头尽可能地低着，颈子尽可能地缩着，为的是怕碰到熟人。这种“经营”形式，在武汉叫“挖地脑壳”。在皇城老北京，这类衰败的官僚显贵多得是，相互效仿，不约而同，久而久之，就沿袭成市了。再则，鬼市开市时间，既无天光，又无电灯，黑乎乎的，穷人打燃火石，富人提着灯笼，在这种情况下，只见人影，不见人貌，走走停停，人影飘忽如幽灵。再加上少不了有梁上君子混迹其间，也是想脱手一些见不得光的玩意，还有那擅长造假的，趁乱混在人群中兜售赝品，也都是鬼鬼祟祟的。由此，鬼市的“鬼”字，就显得十分贴切了。

武昌赛宝巷当年形成一处售卖古玩字画的市场，估计不会有老北京鬼市那样的规模，再说，我们武汉也没有鬼市那种“经营”方式。像汉口的泰宁街，每个星期六与星期天，摆地摊售卖各类古旧玩意的，直到 20 世纪 90 年代还很红火，但都是大白天公开经营，早晨开市，下午基本就没生意了。想想也对，看热闹的，也累了，淘心仪老旧家什的，早就淘到手了，哪会在那里干耗着。武昌赛宝巷能形成一处售卖“宝物”的市场，“经营”中产生的让人啼笑皆非的故事，流传出来让人忍俊不禁的传说，都与旁边的另一条老街巷有直接关系。那条老街巷叫巡司街。

巡司街的名称起源于巡司这一官职的设置。明代在各地的交通要道设立巡检司（又称巡司），长官为巡检，主要职责是缉捕盗贼，盘诘奸伪。清从明制，但也不是所有地段都设置这一衙门。有巡司街之前，这一带是否属要害地段，不好说。但从《湖北省城内外街道总图》来看，这一带已经很热闹了。出保安门，就是十字街，右边是梅隐寺、象鼻街。左边是大、小清水巷，竹子厂；向南，挨着鲇鱼套的是柯家码头、盐码头、鲜鱼巷。也有健全的管理部门，城内有协署、把总署，码头旁有鲇鱼套司，有个巡司衙门不嫌多，没有也不至于治安就很差。这一带设置个巡司衙门，带动了旁边的那条流入鲇鱼套的小河，有了巡司河的名字，进而又有了巡司街。据可见的文史资料得知，当年那位巡检，是个破落的满族贵胄，又很想做官。皇上无奈，就赏了个巡检给他。做了巡检，还要建一座衙门，上头无奈，就给他个面子，为其建了个规模相当于土地庙的巡司衙门。我想，这位巡检大人肯定没什么真本事，封他个巡检，也就是赏他口饭吃的意思。当了一段时间巡检，对附近商家摊贩敲诈勒索，肯定免不了。用武汉话说，鸡杂鸭杂们的惯用手段，就是“一拍二诈三丢手”——拍桌子瞪眼敲诈，钱到手后便扬长而去。这位巡检大人因此积攒了许多昧心银子，那纨绔子弟的毛病也发作起来，经常拿些“宝物”到街上，呼朋引类，展示炫耀，借以推销赝品，敲诈买家。久而久之，因习成例，形成一个小市场，也“诱发”出一句歇后语：赛宝巷的宝——假的。这让人想起旧时汉口四官殿一带，逢年过节的热闹，卖各种纸糊、篾扎、草编的小物件，贩子们不住嘴地喊：活的，活的。招徕牵着孩了逛的顾客。那些小物件，有的做得活灵活现，也算是民间手工艺品，但不结实，活摇活动的，拨弄几下就散架，哄孩子们玩玩而已。由此，也产生了一句流传甚广的歇后语：四官殿的东西——活的。赛宝巷传出的歇后语，更多是“揭发”，汉口四官殿流传出的那句歇后语，则多了些善意的调侃。虽然赛宝巷的宝多半是假的，但是毕竟这样的市场在老武昌属独一份，所以不乏光顾者。看热闹“开眼睛荤”的有之，淘点稀罕货碰运气者有之。就连当时的湖广总督张之洞，也不免在赛宝巷上过一回当。除了“兴居不节，号令无时”黑白颠倒和办公时间有“盘弄”猫的毛病，张之洞还有一般文人喜好古玩并以此炫耀的“雅好”。张之洞为官清廉，口碑极佳。但这毛病一不小心，就成为人家钻空子的软肋。一次，一位候补道为得实缺名额，拿了个古鼎作为礼物送给张之洞，并且说就是在督署不远处那条赛宝巷淘到手的，没花几个碎银子。对于离自己办公处不远的那条小巷子，张之洞还是略有耳闻的，也晓得那句歇后语。他把这个古鼎反复地看了几遭，锈迹斑斑，古朴厚重，没看出有什么毛病。张之洞并非想受贿，他是不想国宝流失，也没有因此给那位候补道以实缺。张之洞准备把这个古鼎送到两湖书院书库去作为展示品。张之洞是个蛮认真的人，在送出古鼎之前，在署衙摆了几桌。正值严冬，他老人家广请同僚贤达人等赴席欣赏这绝世珍品。筵宴中，张之洞把这个古鼎置于古色古香的紫檀木雕案上，鼎中插蜡梅几枝，倒水以润蜡梅。一杯酒下肚后，张之洞便开始旁征博引，介绍古鼎出处之类。正当意兴浓处，那看似价值连城的古鼎下竟有水流出。张之洞惊愕之余，重新审视，原来那鼎只是以纸板为材料仿制的赝品。张之洞羞怒交加，很长时间不再议论古董的话题。

无论如何，赛宝巷，名气算是“玩”出来了。巡检司，也有名气了。俗话说，铁打的营盘，流水的兵。历史，无论是正史还是野史，除了真实，总免不了有故事和传说杂糅其中。穿插在历史真实中的故事和传说，只要无伤大雅，或可佐酒，或供谈资，也就无所谓了。武昌的老街巷，比如赛宝巷、巡司街，旧貌或许无几，新颜还在展开，拂去历史的尘埃，所存者，也许没有什么值得今人和后人借鉴的宏大意义，但那些曾经的过往，也是我们城市文化的碎片。文明的拓展，文化的承续，是有自洁能力的。比如，当年那位吵着要为自己建一座衙门的巡检大人，阴错阳差地成就了个赛宝巷，如今，赛宝巷还在，巡司衙门却没有了。

❺ 箍桶老街今何在

生于乡下，小时候的记忆，大多跟一个甲子前的故乡有关：穷，像生活的影子，让日子显得极其艰难而乏味。白天，乡民们脸朝黄土背朝天；夜晚，也就是把身板换了个方位，背贴床板脸朝天。穷则穷矣，但做面子的事，还是少不得的。乡下人对于嫁娶之事，还是不能马虎的。每逢有这类喜事，常听故老说，铜脸盆，要到汉口花楼街去打，脚盆、围桶咧，顶好是到武昌箍桶街去打。不过，乡下的现实是，有几个人会为个脸盆、围桶跑那么远的路呢！脸盆倒也罢了，武汉人所说的围桶，即马桶也，太讲究，一般乡下人还真犯不着。也有很好面子的人家，就到汉口花楼街去打个铜脸盆。至于到武昌箍桶街去定做围桶，倒还真没有。一来，花楼街的打铜街，实在有名，整条街一天到晚叮叮当当“打”铜，“打”出各种金光闪闪的物件，实在耀眼好看，再说，汉阳离汉口不远，坐两趟划子，来回小半天的功夫。武昌太远，去一趟不容易。每年固定时节，游方箍匠便会来到村里，并高喊一声：“打——箍——哇。”每当这时，家家户户的水桶、饭桶、围桶等，一夜之间，它们似乎都出了毛病。于是，打箍的箍匠就在湾子僻静孤老人家——每个湾子都似乎少不了有这样的人家，住下来“打”。我们老武汉人，称匠作师傅们的工作，往往统一用一个“打”字，比如打铁、打家具、打铜。“打”这个动词所及，延伸至其他日常活动，比如打草鞋、打饭乃至打麻将。在这一带游走的箍匠，自然深知“打”的通用性，他们的广告语也就是“打——箍——哇”。有了乡里故老“脚盆、围桶咧，顶好是到武昌箍桶街去打”的说法，也就记下了，武昌有条专门打箍的街。一晃半个多世纪就这么过去了，及至青丝不多、华发亦稀的年纪，学习、工作，几乎没离开过三镇，尤喜在武昌的老街老巷里转悠。但凡武昌尚存的老街巷，都去过了，消失了的老街巷，大都也在地图上找到了，就是没有找到武昌的箍桶街。这次，我反复用放大镜在《湖北省城内外街道总图》最北端的武胜门附近，找到了箍桶街。还真有点“众里寻他千百度，蓦然回首，那人却在灯火阑珊处”的惊喜。

惊喜之余，就把箍桶街定为武胜门外第一街。

自觉，这说法是有道理的。

早年，武昌城墙还没有拆的年月，朝北出武胜门，武胜门正街左边第一条街，就是箍桶街。现当代的武昌地图上已经看不到这条街了。从与之平行的砖瓦巷的长度来看，当年的箍桶街与砖瓦巷规模相当，长四百多米，东连武胜门正街，西北通往大堤口。在武昌的老行业街中，这应该算是一条规模不小的街巷。在塑料还没有问世的年代，平头百姓家，盛水的器皿，大多都与箍桶匠有关。从卧房到厅堂再到厨房，都有几件箍桶匠的作品。至于田间劳作，浇水的桶、瓢，都离不开箍桶匠。生活需要箍桶匠，所以，老武昌城有条箍桶街，也很正常。

在湖北武汉地区，箍桶匠的称谓简洁一些，就叫“箍匠”。就行当而言，箍匠属于木匠这个行当中的一种，称圆作木匠，或干脆就叫“圆木”，即旧时民间专门制作与修理木桶或木盆的工匠。因箍匠制作的围桶、脚盆、米桶、锅盖一类家什都以圆形为主，以示与造房子的方作木匠相区别。

还记得当年乡下那位故老谈及武昌箍桶街时的神情，有点惶恐，还有点骄傲——他是湾子里唯一的“富人”，其实也就是，他的日子比别人稍微过得好一点罢了。见我们是小孩，他说话就没有什么顾忌：武昌的那条箍桶街呀，一边有几十家箍桶铺子。箍桶铺子边还有些卖铜丝、铁丝、竹篾片的铺子，以及油漆铺子。蛮热闹，也蛮吵人。那里箍出来的桶啊，特别是围桶和腰子脚盆，那手艺，真是两个哑巴一头睡——没有话说。围桶，在乡下人的认知里，是女人用的物件，男人是用不着的。至于腰子脚盆，老家原先有一个，是娘用来洗脚的。娘是小脚，小得跟粽子一样，屋里屋外地忙了一生，不晓得是怎样熬过来的。每次娘用那腰子脚盆洗脚，就叫我：“幺儿，帮你姆妈捏捏。”我晓得，娘累了一天，腰弯不得了。久了，只要看到娘洗脚，我就给她老人家捏脚。所谓腰子脚盆，形状像猪腰子，还有四只脚。脚不是另用木头钉上去的，而是箍匠在下料时预先留下的。腰子脚盆整体不呈浑圆状，我想，这是箍匠手艺的体现。我还真见过那位故老家的那个围桶，红彤彤的。他说那叫金漆围桶，用了几十年了，是他堂客的陪嫁。每当他给我们“讲古”的时候，有邻里路过，就笑：又在瞎说哦，莫把伢们教坏了咧。

每年有游方箍匠到湾子里来，对箍匠的那一套制作程序，我自幼就有比较直观的印象。那一套程序中，我至今最佩服的，还是他们把直木板弄成圆形的手艺。没有计算器的时代，也没见他们用算盘或圆规之类工具，只见他们用眼睛看，用手估摸，锯哦刨哦钻哦，用竹销子一拼，嘿，就圆了。老话说，弯树直木匠，是不错的，但对于箍匠，这话似乎只说对了一半，另一半应该是：直板子弯箍匠。各种木桶材料都采用杉木，这种木材呈白色，质轻，有香味，是制作桶具的上好材料。因游方箍匠每年有定时来的规律，大凡准备做桶的百姓家，早早地就备好了木料和桶箍。箍匠箍匠，顾客除了看“圆木”的手艺，对桶箍也十分看重。桶箍按材质分三等，最差的要算竹箍，好一点是铁箍，最好的是铜箍。让箍匠给自家的桶箍何种箍，不是靠顾客的好恶，而是看顾客荷包里银子的多少。箍何种箍，既能反映这户人家的生活水平，也能反映这户人家的重视程度。一般来说，嫁姑娘是件大事，关系到娘家的形象和姑娘今后在婆家的脸面。所以，一般人家，就算不很宽裕，那陪嫁的围桶、腰子脚盆之类的器具，怎么也得用几副好铜箍。更有富豪大户人家，除了使用铜箍，使用上好的油漆之外，桶面上还要镶嵌纯银的银丝雕花图案。

老武汉，无论是郊区农夫，还是三镇居民，女人早上的第一件事，就是倒围桶，武汉方言称之为“下河”。这倒围桶很直接，但“下河”更妥帖：围桶亦即马桶内之物，是不能随便倒掉的。是农户的，倒在自家茅厕里，没什么动静。住在街上的，有专门接收者定时定点到巷子里来，喊：“下河——啰！”这等于是发出让女住户做那天第一件事的信号。接收者拉一大板车，车上是一硕大的类似腰子脚盆形状的木桶。木桶一头的下部，有一口径若小孩手臂粗细的口子，塞住。一条巷子收完，这车子会到其他巷子里去。当然，这种大板车，不止一辆两辆，得看“粪头”的调配了。粪头者，某一片居民区粪便收集之管理者也。这角色的责、权、利说来话长，打住。接收围桶内之物的车子，是不收费的。原因也说来话长，亦打住。清空围桶内之物后，真正的“下河”就开始了。这是三镇街上住户人家，在沿江沿河每天都要上演但没有观众的生活剧片段之一。“下河”就是走到河边或江边去洗刷围桶。其景象基本上是一字排开，用一种武汉人称之为“缠爪”（方言音“缠早”）的竹篾制成的刷子洗刷。因这刷子形制很简单，就是用细篾丝缠二十来根粗篾条的“爪子”而已，武汉方言念“早子”，故名“缠早”。围桶被缠爪洗刷干净后，是不会立马放回家里原位的，还有个放在自家门口墙边晾干的过程。这是不能省略的，也是展示谁家围桶“高级”亦即制作精良，比如形制精美，箍的是铜箍还是铁箍抑或是竹箍，很有当今“秀”的意味。

这既是在展示围桶主人的家境，也是在展示箍匠的手艺。

与老武昌的箍桶街相呼应的，是老南京的箍桶巷。老南京的箍桶巷里箍匠的手艺，据说是很有名的，更重要的是，老南京的箍桶巷因一个叫沈富的箍桶匠成名而出名。沈富这个名字，知道的人不多，老南京人只叫他沈万山（又名沈万三）。沈万山，这位明代初年富甲天下的大富翁，也许是中国历史上唯一箍匠出身的名人。沈万山的圆木手艺，堪称精湛，尤以制作围桶亦即马桶而著称。如果要写“箍匠史”，人物传奇也罢，手艺高超也罢，“高峰处”也许是这个沈万山。关于沈万山和老南京的箍桶巷的林林总总，南京的民俗专家乃至明史研究者，肯定有研究、有记录，这里只是关注老南京的箍桶巷，与老武昌的箍桶街有无“亲缘关系”。据相关资料记载，与老武昌的箍桶街平行的砖瓦巷，成街于民国初年，因此巷经营砖瓦行业买卖的商人比较集中而得名。从地理位置上看，箍桶街成街在前，砖瓦巷成街在后。一条行业街，从有人在此处经营某一行业，到聚集同行、凝聚人气而最终形成街巷，不是一两年的时间能形成的。箍桶街早于砖瓦巷成街，应该是清代的事。明清两朝，也就几百年“弹指一挥间”。沈万山虽然出身箍匠，此后其商业

图 4-3　围桶

触角伸到许多领域，甚至把生意做到了大江南北，做到富可敌国，他却始终没丢掉制作围桶的手艺。打箍，对于沈万山，已经进入他的骨髓中。沈万山倒霉，也就倒霉在他的围桶绝活和对箍匠手艺的爱好上。肯定是沈万山的富可敌国让朱元璋不舒服，尽管沈万山一直低三下四，为朱元璋的南京建都工程提供了大量的财力和物力，但朱元璋就是不喜欢沈万山。一次，朱元璋穿过马道营，来到箍桶巷视察。沈万山迎驾，朱元璋看见这位比自己还有钱的商人，一肚子的不痛快，转身就走。沈万山诚惶诚恐地送驾。朱元璋指着巷子两边堆放的马桶半成品和成品说，你用空马桶框子迎驾，又用臭烘烘的马桶送驾，用心良苦啊。沈万山赶忙跪下磕头。朱元璋又说，你前有马道营，后有箍桶巷，箍桶，鼓动，你的鼓动要马到成功哦？也或许，是朱元璋因为自己的老婆姓马，对马桶的称谓感到不舒服，不久，沈万山就被捕入狱。倒是朱元璋的老婆马皇后，并不觉得马桶的称谓是一种冒犯，反而出面调停，让朱元璋改了死刑判决，将沈万山流放于云南，家财一概没收充公。南京的沈万山，在没富到名扬天下的时候，广收徒弟，据有关南京箍桶巷和沈万山的资料记载，沈万山当年的徒弟，一多半出师后都各自出走独立谋生。沈万山被判流放后，其徒弟和交往密切的同行各奔东西。是否有一部分沈万山的徒弟沿着师傅被流放的路线，上溯到了武昌呢？如果有，或许老武昌的箍桶街，就有沈万山手艺的传人。

老武昌的箍桶街，到底有多少箍匠和多少箍桶铺子，没有资料记载，不敢臆说。故老与我父母是同时代人，早已作古。他的讲述，也只是粗线条且更多的是感慨，是夸赞，没有多少史料性。但我想，这并不重要。包括箍匠的手艺和他们那一套制作各种或浑圆、或异型圆木器的流程，对于非专业人士，对于眼下塑料制品取而代之的时代，更显得不重要了。但是，值得回顾的，是老武昌这条行业街的时代性。老武昌城，偌大的省城，以文化教育著称，文气浓郁。以府衙众多闻名，“武昌人的钱，是顶在帽子上的”，这句老武汉人都晓得的话语，说的就是，老武昌城里，戴官帽的多。内城肯定容不得箍匠铺子聚集一整条街。运送原材料的车子，脏兮兮的苦力人，叮叮咚咚的作业声，与内城的整体氛围不协调。但容不得是一回事，需不需要又是另一回事。在城内，不好看，离城内远了，又不方便，城门附近就好，而且，武胜门附近最好。这条街，往西，不远就是大堤口。大堤口码头，便于箍桶街的木料运进来。码头另一头不远处，是筷子街。筷子街的原料是竹子，也属大堤口码头的业务范畴。制作筷子，是忌讳用竹节的，而竹节附近部位恰恰最为结实。于是，筷子街的下脚料，恰是箍匠制作竹销子的好材料。再说了，箍桶街的箍匠，除了做顾客上门的生意，箍匠们的“游方”，大多是以修补旧桶具为主，除了方便附近乡下农户，自己赚几个小钱外，更多的是为箍桶街做广告。大活，批量性的活，精雕细刻的活，还得邀约箍桶街的同行们一起干，或者干脆把活揽到箍桶街去做。

至于当代武昌为什么还有砖瓦巷而没有了箍桶街，没有直接的资料说明。据相关资料记载，1921年武昌电灯公司在砖瓦巷建了一座装机容量为800千瓦的电厂，向周围新兴的企业提供电力。1938年，此地遭日本侵略者轰炸。箍桶街的消失，或与这场劫难有关，这也只能是推测。

❻ 银元滚滚洗马池

洗马池，到底是地名还是街巷名，武汉出版社1990年出版的《武汉地名志》街巷条里，没有洗马池的条目。该社2007年出版的《武昌老地名》中，有关于洗马池的介绍，从中可以得到这样的信息：洗马池，长120米、宽2米，泥土路面，门牌号1—75号。已故著名历史学家皮明庥先生在他的《一位总督·一座城市·一场革命》中，有这么一段话："张之洞到任湖北后，鉴于洋务事业需款甚急，市面流通的制钱，因缺铜长期停铸而严重不足……向清廷奏请在武昌铸造银元。1892年（光绪十八年）获准，于当年9月在武昌洗马池街成立湖北银元局。"① 从这段话中，我们可以获得两个信息：一是武昌的洗马池可以视为一条老街巷，二是这条规模不大的老街巷，曾经是湖北银元局所在地。与湖北纺织四局一样，湖北银元局不是官府衙门，也不是行政机构，而是企业，或者说就是一处专门铸造银元的工厂。

洗马池由地名到街巷名，与关羽的传说有关，武汉有不少故事是关于"洗马"的内容。武昌有关羽专门的洗马池，隔江的汉阳，龟山上有关羽的藏马洞，沿藏马洞而下，有条蛮细长的洗马长街，估计，长街尽头某处江滩，或许有他的洗马处。1889年，张之洞调任湖广总督，此后开办了湖北银元局。当年的湖北银元局，经营历程和业务状况大致是这样的：1887年，张之洞还在两广总督的位置上，人在广州，就曾奏请朝廷批准试制银元，不久即在广州开炉试制。湖北银元局的开办，是张之洞调任湖北后对这件事的继续。当然，他得重敲锣鼓另开张。他任命一位叫蔡锡勇的懂行的人做总办，采购机器，在武昌洗马池建造厂房，拨给开办经费4万两，另拨早先湖北铜钱局停办后的余款3万两，共计7万两，从国外购置铸造大小银元的全套设备、银条，招聘外国工程师做质量技术监督。经过周密的筹备，湖北银元局正式投产，开始铸造7钱2分、3钱6分、1钱4分、7分2厘、3分6厘五种银币，每日铸造5000两，在湖北、江西、江苏、安徽等省试用。此后，张之洞又奏准铸造能在全国统一通用的银币，每元以1两为准，改1两、5钱、

① 皮明庥著：《一位总督·一座城市·一场革命》，武汉：武汉出版社2001年版，第59页。

2 钱、1 钱大小之银币四种。洗马池的湖北银元局，对当年中国钱币改革的贡献，是中国货币史研究者的课题，不便置喙。但其意义至少有两点：一是当年湖北银元局所制银币，活跃了商品流通，在一定程度上缓解了市面上货币供应不足的矛盾，也使得当局有了一笔收入；二是由于此局铸造出来的银币质量好、成色足，在各省均可流通使用，扩大了湖北金融业的信誉度。在货币改革的年月，朝廷几度裁撤省属银元铸造机构，但湖北银元局均在保留之列。时至今日，当年湖北银元局所铸造的“龙元”银币，仍是收藏界的抢手货。据说，一枚当年湖北银元局铸造的“龙元”银币，如今价值 3 万元人民币。

图 4-4　湖北银元局制 7 钱 2 分银币

图 4-5　湖北银元局制 1 两银币

在武昌洗马池开办湖北银元局这件事，关羽肯定没有想到。不过，在中国货币发展史上，山西商人也是值得大书特书的。

就商贸而言，在诸多货币样式中，其实，银子是最不易实现顺畅流通的货币。纵观漫长的经贸史，在零敲碎打的小买卖中，银子、银元、银币乃至制钱，无疑是最实用，也是最可靠的。但是，大宗的买卖，长途贩运的买卖，异地的结算，金属货币实在很不方便。可以想象，长途贩运，骡马车队，首先要驮运一大批沉重的钱，到货源地，卸下钱，换回一骡马车队的货。两头皆沉重，实在不划算。为解决这个问题，山西商人发明了一个既简单又实用的法子，开创了中国金融业同业之间票据汇兑异地结算的先河。考究起来，这发明应该归功于山西平遥的一家颜料铺。

这大约是清道光年间的事了：山西平遥一家叫西裕成的颜料铺，生意做得大了，就在各地开起了分号。山西人把生意往大了做，似乎成了他们的传统。凡生意做得好了，就从故乡走出来，到各大城市建立自己的分号。这有点像蒲公英，长成熟了，再被恰到好处的微风摇一摇，就把生命的种子播向四面八方。当时，在北京建有自己分号的山西商号，为数众多。但是，中国人永远的故乡情结，让他们无论走多远，总是对自己的故乡魂牵梦萦，总觉得自己的根就在故乡。旧时的山西商人也是如此，不管在外地赚了多少钱，巴不得把钱全都带回老家去，或买地或盖房，心里才觉得踏实。可摆在北京的山西商人面前的问题是，赚了这么多银子，除了用于再投资外，要弄回老家去，还真不是件轻松的事。银子沉重，路途遥远，雇请马帮驮运，沿途免不了有盗匪抢劫，得雇镖局押运，这样不仅增加了成本，而且极不安全。于是，北京的山西商人就与西裕成北京分店商议：我们能否把银子给西裕成北京分店，分店给我们一张收条，然后由分店写信给山西总店，让我们凭收条到山西总店取银子？要帮这种忙，别的条件都不重要，重要的是两条：一是要讲信用，二是要有足够的财力。好在这两条西裕成都具备，不然，同乡商家也不会找上门来了。西裕成觉得这主意不错，这忙自己也能帮得上，于是就这样做了。开始，西裕成也就是一家两家地给人帮忙。日子长了，求西裕成帮忙的商家就有些不好意思了：都是做生意的，不能老用“帮忙”来对付，不如我们给西裕成一些佣金或手续费，西裕成也没有反对。在商言商，商场上本就没有“帮忙”这一说。从此，西裕成颜料铺就把代人汇兑银钱作为自己的业务之一了；久而久之，西裕成颜料铺干脆放弃了颜料的经营，一心搞起了代人汇兑银钱从中收取佣金的生意，于是，中国就有了最早的具有银行原始雏形的金融业——票号。

这家由颜料铺改行的票号，给自己取名“日升昌”。

这名为日升昌的中国第一家票号，生意越做越大，除本部设在山西古城平遥，在北京、上海、汉口等地，都设了日升昌分号。

自清道光三年（1823年）日升昌诞生之日起，受其启发，中国的票号便蓬勃兴起了。而中国近代银行业的兴起，则是票号衰亡的主要原因。衰亡的不只是票号、钱庄，还有银子这种硬通货。在中国近代时期的流通领域，作为货币之一的银子，尽管使用的时间很长，但是，作为现金，银子不易携带，流通周转不便，影响结算速度，加大交易成本，因此作为支付手段，银子退出流通领域也是必然的。

现如今，洗马池，这条因关羽在此处挖池洗马而得名的武昌老街巷，从默默无闻到“富得流油”，再到归于平静，也很好。

二、码头街巷多风情

❶ 码头催生码头街

码头是搭建在江河岸边便于船只装卸货物或上下旅客的建筑设施，故又被称为船码头。码头有大小之分，小的简陋码头，通常也就是一艘趸船，外加两张木的或竹的跳板而已。大码头就比较复杂了，不仅趸船大而且数量多，就连跳板等设施也比较坚固。讲究些的大码头，哪艘趸船泊哪种船，哪种船装卸哪种货，都分得很细，并且岸上有大容量的专用仓库和专业行栈与其配套，船到码头，装卸、分拣、库存、发售一条龙，很便捷。

在江河纵横、湖泊遍布的武汉地区，码头行业，是少不了的活命营生。汉口以汉水内河码头兴镇，得了个“天下四聚”的名头，汉阳高公街的汉水码头，为显正街、西大街的繁荣不断补充“能量”；汉阳铁厂、兵工厂的码头，运煤运铁矿石的码头，日夜忙个不停。武昌三面环江，江码头呈弧形环城排开，十座城门，七座城门有临江码头，为武昌城保持活力。码头，在武汉三镇，对于寻找发财机会、拓展生存空间、探寻活命路子的任何人，都意义重大。围绕着码头，形成一个极有层次的生活圈。在汉口成镇的历史过程中，码头及其码头生态和码头文化，是个绕不开的话题。汉口码头，作为连接全国商贸网络的节点，曾向四面八方辐射出金钱的“诱惑”，招引得想发财、求发展、要生存的各色人等，来汉口寻找机会。同理，武昌的码头生态，因为武昌内城的文化氛围异于汉阳、汉口，所以，回顾武昌码头与武昌老街巷乃至与武昌城市生活的关系，有“都市文化解剖学”之意义。

较长时间，对武汉的码头文化这个话题，认知的差异很大，褒贬不一。其实，与其争论，不如回到历史上武汉码头的生活原点。

无疑，码头及其周边，是一个生活圈。码头生活圈的圆心，就是泊在岸边的那些黑乎乎且脏兮兮的趸船，还有，就是连接趸船和河岸的几条长长的颤颤的跳板。货船停靠在趸船边，通过跳板往返于趸船和河岸货栈仓库之间，活动着的，就是一群肩挑背驮的男人——历史上武汉的码头，造就了好些个行业：码头建造业、码头行栈业、船舶修造业……尤其是，造就了一个人数众多的行当——码头工。

码头工旧时叫挑码头的，或云扛码头的。

紧贴着扛码头的，还有这样一些层次的人：比如，双手叉腰，在跳板边吆喝着的小工头。此人虽不挑不扛，可粗喉咙大嗓门地吼，也算是辛苦的。他的吼，多半是催促那些出力气的快一点，有时也提醒他们注意安全。比这小工头轻松得多的，是在岸边工房里的藤椅上半躺半坐的那一位，将穿着青布白底布鞋的脚放在桌子上，手摇着大蒲扇养神的，是该码头的小头，他的工作，就是养神，他的职责，就是监督，其实，出力流汗的，都是无须监督的——“买条扁担”，亦即取得到码头“上岗”的资格，还得托人找关系走路子，哪个愿意把好不容易弄来的饭碗砸碎呢？靠近货栈仓库的，往往站着一个小工头。他的地位，与眼前被沉重的麻袋油篓压得弯着腰的人相比，也高不到哪里去。用武汉话来说，顶多是“高得一篾片”。可就因为这“一篾片高度”的优势，他不停地呼喝，嘴巴不停地向外吐出一连串汉味粗话，一边臭骂，一边发放计数计酬的筹码。那些骂人的话语，在扛码头的听来，仅仅只是发放筹码者嘴皮子的习惯性动作，只是一种声音。也许，等到散工，适才骂的和被骂的，会无视那“一篾片高度”，就着一碟子卤猪耳朵或一把花生米，或者干脆就是一碗凉面，一起蹲在麻包堆旁喝几两呢！

在生产力还欠发达的往日岁月，码头上屡见不鲜的“打码头”，是以码头运营为支点推动城市化进程中一道“难看”的风景，也是以码头水运商贸为重心的都市经济初始阶段的一根“软肋”。从经济学中原始积累的观点出发，“打码头”，或许可以看作是生存竞争从无序到有序的一个过程。只是，旧时码头上迁延日久的“打码头”现象，并没有朝更高级的经济运行模式进化，这是旧时武汉码头的遗憾，也是时代的遗憾。“打码头”，留给后人的，只是给武汉方言里增添了一个沿用至今的“打码头”的词条：凡仗人多势众恃强斗狠强占地盘、欺侮人、占人便宜的，都可将其称为“打码头”。旧时武汉的“打码头”，背时吃亏死人的，总是那些出臭汗扛码头的。如果要修《武汉码头史》，这“打码头”估计要用专门的章节，而且，那章节里，肯定满是淋漓的血腥、丑陋的行规、苦涩的况味。

那么，何为码头文化呢？我想，不妨这样理解：市民生活以码头经济为圆心开展各自的谋生之路，由此而形成的都市生活格局，并由此彰显出来的文化意味，似乎可以姑且称之为码头文化。

旧时码头比较集中的城市，都有码头文化的因素。

汉口的码头文化呈“弥漫状”，与汉口整个商贸形态融为一体，在商贸物流通向长江、大海行进的途中，自觉地淘汰乃至摈弃落后。武昌的码头皆在城外，沿江而建，分工比较明确，故而形成的“码头文化”呈“块面状”，比较柔和，浸润进内城的因素不多，加之老武昌府衙众多，教育文化机构林立，浓厚的文气和府衙气太强势，故“码头文化”对武昌的总体文化结构没有解构的能力。所以，称汉口的历史文化，有较浓郁的码头文化成分，那么，用“码头文化”来囊括武昌文化或武汉文化，是不准确的，至少是片面的。

码头与街巷的关系，三镇大体相近——码头为点，沿途必然由行栈、店铺、民居形成街巷，而且这些街巷大都是与码头运送货品有关而命名的行业街。

说汉口的码头经济由硚口开始，以汉水内河码头向岸上延伸出难以计数的小街小巷，连通汉正街，以汉正街为轴线，又向北“养育”出难以计数的小街小巷；由此向汉水下游蔓延，形成集家嘴以下六渡桥至江汉路一带汉水与长江相交的码头经济商贸圈。汉口开埠后形成了以“租界区”为块面的带有异国风情的长江码头经济商贸生活圈。我们可以视汉口码头经济、街巷生成亦即生活圈的形态，为“三截头”发展态势。这种“三截头”的形成，是渐进式的，是由无城墙到有城墙——汉口堡，又因修筑后湖长堤又名张公堤后突破城墙，向汉水与长江下游和向老汉口以北扩展的三个阶段。

武昌则不然，武昌的码头经济，是环城式的。武昌内城的老街巷，通过城门，向外城延伸，并延伸出许多新的老街巷。这样表述，听来或许有些拗口。其实，也好理解：“大家”都是老街巷，只不过内城绝大多数老街巷的历史，比外城老些而已。所以，武昌老街巷的生成乃至“代谢”，可以理解为延展式或辐射式。老武昌曾有十座城门，分别是宾阳门、忠孝门、武胜门、汉阳门、平湖门、文昌门、望山门、保安门、中和门（今起义门）、通湘门。除宾阳门、忠孝门、通湘门之外，其余七座城门，都与码头相连。武胜门外，是箍桶街、砖瓦巷，这两条老街巷，西北边是通江大码头大堤口，再往西，是筷子街。从某种意义上说，大堤口一带的码头直接“造就”了武昌这两条行业老街巷。筷子街的原材料和产品，从大堤口一带码头转运，是最便捷的。砖瓦巷是当年砖瓦商人聚集的街巷，也就是说，这条老巷子只做买卖砖瓦的生意，不烧窑制作砖瓦。在老武昌内城烧窑，与内城整体形象反差太大，基本没有可能性。内城西北也就是武胜门外，有广阔的取土烧窑用地空间。那些大批量沉重的砖瓦，可能从青山方向走陆路过来，也可能从青山码头走水路过来。两相比较，走水路绝对比走陆路节省财力与物力。而箍桶街的原材料，绝对是从大堤口边的武昌关、衡善堂码头上岸的。原因有二：一是江对岸的鹦鹉洲，就是当年中国中部有名的竹木集散地。湘籍放排人顺便放几方竹排在大堤口上岸，是很方便的事。再说，相对于湖北，江西产竹更多。据说，武昌筷子街的工匠对江西的竹子情有独钟，原因是当年武昌筷子街的制筷人，大多来自江西，本来就是江西吉安筷子巷的工匠。他们的后代在武昌重操旧业，繁衍生息，且将制筷子的手艺代代相传。据说，明朝初年强制性的移民，是很残酷的。迁徙途中，江西人被捆绑住双手，连成一串跋涉在不知目的为何处的遥途中。要小便了，被允许解开一只手，要大便了才被解开双手。据说，这便是“小解”和“大解”叫法的出处。汉阳门码头，是昔日武昌乃至今日武昌最热闹的码头，平湖门和文昌门的码头街巷也有它的特殊性，单节另述。望山门和保安门外一带的老街巷，市井烟火鼎盛，有武昌内城难得的雅俗兼容的文化氛围，细细品味，回味无穷。

❷“汉阳之门”在武昌

汉阳门曾经是个门。

汉阳门不是汉阳的门。

汉阳门不在汉阳而在武昌，如果稍微费点力气爬上蛇山，登临黄鹤楼，或者随便选一处高楼，在十多层处，向汉阳方向眺望——甚至可以不用“眺望”这个词，汉阳从汉水入江处直至龟山以南鹦鹉洲一带，都可尽收眼底。往北隔江而望，汉口沿江景致也可一览无余。有人曾从经纬度的角度测过，说，汉阳禹功矶，到北京、上海、广州三座城市的距离相等。如果此说成立，那么，从汉阳门，到以上三座城市的距离也应该相等。即使有那么丁点差距，对地球而言，估计也不算什么。在老武昌的十座城门中，最能看清汉阳，也最能看清汉口“租界区”西洋建筑群的，就是汉阳门了。“晴川历历汉阳树，芳草萋萋鹦鹉洲。”在唐代诗人中，崔颢虽有名，但无论是名气还是诗的数量，肯定不及李白。可这首诗，诗仙都很叹服：“眼前有景道不得，崔颢题诗在上头。”后来，李白再登黄鹤楼，写下名句：“黄鹤楼中吹玉笛，江城五月落梅花。”倒是引起蛮多人的疑问：李白是不是酒喝多了，江城的五月，哪里会有梅花哦？殊不知李白虽有点贪杯，且看似高傲得很，连皇帝亲自邀请，他都懒得上船，但李白酒量大，是“斗酒诗百篇”之人，不会糊涂到连江城的五月没有梅花都不晓得的程度。只不过是今人大多没听过当年汉阳门里巷人家吹奏的《梅花曲》而已。李白是个懂音律的人，不懂音律，何以知平仄？他熟悉《梅花曲》，听到这首曲子，带出他的羁旅乡愁。由此猜测，《梅花曲》很可能是带点忧思调调的曲子，所用之笛，大约是 C 调的吧。由此猜度，当年，汉阳门连通着的周遭老街巷里，有人度得此曲，可见，汉阳门不是个“粗俗”的码头，这一带的老街巷，并非都是俚俗人家。也由此可以想象，老武昌内城的文气，从内城那些老街巷里“溢”了出来，“流淌”到了城外的码头街巷。这，也许是武昌老码头街巷与汉口老码头街巷的区别之一吧。

武昌的汉阳门，既是个地名，也是座城门，同时，也是个大码头，还可理解是一条很有历史的老街。

究其原因，还得追溯到 1371 年亦即明洪武四年，朱元璋封在湖北的江夏侯周德兴，嫌武昌城小了，遂大兴土木，开始了庞大的扩建工程。扩建后，在今武昌民主路和临江大道相交处增辟一城门，取名曰汉阳门。据《江夏县志》和《湖北通志》记载，从明万历二年（1574 年）起，汉阳门就开设了直达汉口的渡口，称之为“扬子江渡”。由此开始，汉阳门就一直是武昌最繁忙的码头渡口：清代，置有大江渡，又名汉阳渡；清末民初，汉阳门“繁殖”出了五个码头，即汉阳门上码头、汉阳门中码头、汉阳门下码头、煤驳码头和衡善堂码头，其中，上码头和下码头为专司载客的渡江码头。汉阳门一带，集中了好多古迹胜景：现长江大桥桥头堡处，是有名的黄鹄矶。此矶平时虽难得一见，枯水时节才可略窥矶头，却实在是大大的有名：矶头上，曾矗立过古黄鹤楼；元顺帝至正年间，矶头上又立起一座胜像宝塔；眼下的黄鹤楼，离古黄鹤楼旧址，也不足 1000 米。

说到黄鹤楼，不得不说说黄鹤。在我们这座城市众多与黄鹤有关的传说里，最经典的要算“费祎画鹤”。

传说，有一位文士叫费祎，此人饱读诗书，且喜好炼丹飞升之事。可能费祎很有些运气，也可能是他精诚所至，金石为开，还真让他成了仙。不过，费祎这位仙人，大概就是位散仙——因为，成仙后的费祎并未到哪个庙堂里“坐班”，接受一方香火的祭祀供奉，而是一味地闲游。费仙人爱在武昌江边闲游，游兴酣畅中，往往想到要弄几盅杯中之物到肚子里，以助游兴。费仙人喝酒，经常去的酒家叫辛氏酒家。这辛氏酒家每次接待费仙人光顾，酒拣浓醇的倒，菜拣合口的上，如此过了半年，老板辛氏并未因这位客人付不出酒钱和菜钱而显露厌恶的神色，依然请这位客人喝酒。真是奇怪！或许，这位老板也不是个俗人，但为什么做这等赔钱的傻事？终于有一天，喝得半酣的费仙人，放下杯子，对辛老板说：“欠了你多少酒钱和菜钱，我也不记得了，怎么样报答你咧？这样吧，我给你画只鹤吧！”也不管辛老板是否喜欢绘画艺术，也不问辛老板喜欢哪类作品，费仙人就从篮子里拿出一块橘子皮，信手在墙上画了一只鹤，因橘子皮边画边流黄汁，画成之后，鹤也成为黄鹤了。见辛老板呆呆地看着，费仙人就说了：“以后，凡是有客人来，拍手唱歌，此鹤就会和歌而舞，你可因此收费。”见老板神情更呆了，费仙人也不多说，拂尘一晃，去了，且一去就杳无音信。

图 4-6　早年黄鹤楼的宝铜顶

不过，费仙人虽去，所画的黄鹤却真的能和歌而舞，凡酒客群集之时，此项节目最受欢迎。久而久之，仙鹤伴舞的消息便广为流传，辛氏酒楼生意火爆。也是，仙鹤伴舞，本就稀罕，加之姿态可人，焉有不受欢迎之理。且仙鹤“工作”，无须任何成本，跳完舞，把客人荷包里的银子赚到老板荷包里之后，依然回到墙上，变成一幅画。辛氏酒楼的生意，就这样火爆了十多年。忽一日，费仙人来了，对辛老板说：“黄鹤十多年之舞，估计抵得了当年的酒资吧，黄鹤也该飞了。”说毕，从裤腰上抽出一根玉笛来，吹得几声，笛声悠扬处，一片白云飘来，载着费仙人和黄鹤，冉冉去了。

据说，后来，辛老板感念黄鹤之恩，在眼下汉阳门之黄鹄矶处，建了一座楼，起初人们称之为“辛氏楼”，后来便称之为“黄鹤楼”。

黄鹤远去了，黄鹤和黄鹤楼的传说也远去了，但传说中的虚幻的黄鹤，却还活跃在我们这座城市里——黄鹤楼公园，黄鹤楼酒……黄鹤哦，你真是个好“雀子”咧，默默地，为我们这座城市的旅游和商贸，出的力不小，为我们这座城市扩大知名度，真是立了大功。

在汉阳门，如寻觅史踪，可以带出来的话题，实在是太多了。就说太平天国吧，太平军与清军在武昌周旋，上演过太平军三进三出的大戏。1853 年 1 月，太平军攻占武昌，东王杨秀清就是从汉阳门进的城；不到一个月，2 月 9 日，太平军 50 万人马撤离武昌，也是从汉阳门出的城；第二次、第三次再攻武昌，太平军又多次与清军激战于汉阳门外。

此后，武昌起义成功之时，象征共和的九角十八星旗，在汉阳门和司门口鼓楼同时升起；直到 1926 年 10 月，北伐军进入武昌，拆除了这一带的城垣和城门，汉阳门才完成了作为“门”的历史使命，而作为一处繁华的民居片区和街道，又开始了它的新生。这里，集公共汽车站、电车站和轮渡码头于一处，是武昌名副其实的水陆交通枢纽，这里进进出出的车船，这里形形色色的人群，都显得那么匆忙——匆忙的车船匆忙的人，似乎都在有意无意地，把汉阳门昨天的沧桑、今天的模样、明天的畅想，带到四面八方。

❸ 平湖文昌两相宜

昔日武昌城平湖门外和文昌门外，分布着不少码头和老街巷。紧靠着平湖门的，是大码头和小码头，这两个码头之间，还有众多更小的码头。码头旁，还有专设的救生局，救生局旁是送子庵。码头是“谋生”，救生局是“救生”，送子庵是“送生”，送子庵前头就是诸如查家巷、刘家巷等一条条密密麻麻的老街巷，总体感觉就是人生一条线的布局。过了平湖门再往下走，一路不仅繁华，而且很有诗意，因为是走在花堤

图 4-7　清代平湖门

上。这条早先被称为“花蕊堤”的堤，由花蕊堤而成花堤街，虽然省了个“蕊”字（也多了个“街”字），却向周边延伸出许多曲巷。有诗为证：“花堤十里草平芜，城外长江城里湖。一闸暗通来去水，辘轳生转浪花粗。”[①] 花堤街尽头，就是文昌门了。文昌门外，柴巷和热水巷，夹道而行，“迎候”临江众多的码头，进城、出城，解决人们简单或复杂的生活需求。

张之洞是个异常看重人生价值的人。坐在他那个位置上，个人的基本需求，已然淡化。1889 年，张之洞 52 岁，适逢调任湖广总督，可谓是三阳开泰，上上之吉。这棵壮树，需要结果，需要结出硕果。宦海历

---

① 徐明庭、张颖、杜宏英辑校：《湖北竹枝词》，武汉：湖北人民出版社 2007 年版，第 74 页。

练几十年，这位总想干出点大名堂的封疆大吏，他的睿智和缜密，对中国社会长期以小农业与家庭手工业相结合的传统产业结构，早就耿耿于怀。近代以来，棉、麻、丝等纺织业个体手工经营的格局，受价廉物美的洋纱、洋布的强烈冲击，民族工业市场萎缩，前途堪忧。尽管洋务运动为挽民族权利，开办了不少近代纺织企业，如左宗棠办兰州机器织呢局、李鸿章办上海机器织布局，在张之洞眼里，都是杯水车薪，无济于事。尤其是华中地区，近代纺织工业简直就是空白。现在机会来了，张之洞决定填补这个空白。本来，在广州任上，张之洞已打算办这件事，订购了一批纺织机，到湖北上任，当即就与接任两广总督之职的李瀚章商议，将原购机器和民间捐资，全部调往湖北。尽管这些机器和款项都是张之洞弄到手的，可李瀚章也需要政绩，不可能全按前任的意愿办。经过反复磋商，讨价还价，张之洞提出机器运到湖北，16 万两的款项作为广东向湖北投资的股份，年息 6 厘。李瀚章答应之后，张之洞又将广东向山西善后局所借之 20 万两移拨至鄂，付年息 9 厘，同时还向英国汇丰银行借款 16 万两，经多方筹措，终于凑足费用，在湖北省城开设织布局。

当年张之洞开办的织布局，虽说是个“局”，但不是行政机构，不是衙门，仅仅是个企业，而且是近代湖北纺织业的“奠基企业”。

张之洞虽不喜欢起早床，习惯夜里办公，但办事的效率还是很高的。

清光绪十六年（1890 年）底，湖北织布局于武昌文昌门外破土动工。

在文昌门外建织布局，不是张之洞一拍脑门的决定。一来是资金有限，离码头近，进出都方便，可降低成本；二来虽然附近街巷民居较多，但是相对于远离城墙的内城深处，这些街巷暂时还不“老”，是花蕊堤由堤成街后自然形成的以简陋棚户为主的街巷，至于民居，则多是一些简易民房。官家把银子亮在手里，棚户人家高兴都来不及，至于拆迁工作也多是由棚户人家自己动手。这里的棚户人家，大多是附近“扛码头”的苦力，就地参与织布局的工程建设，等工程完结后，还有机会成为织布局干粗活的“职工”，一举两得，因此没人不愿意。

有了以上的铺垫，湖北织布局自动工之日起，两年完工投产。完工之日，张之洞亲题“布衣兴国，蓝缕开疆”的楹联，镌刻在“局”门两边。谁都晓得，张之洞并非楚人，其开阔的家国情怀和对楚人吃苦耐劳、开疆拓土精神的认同，实在令人敬佩。

张之洞的“纺织情结”，不由得让人想起黄道婆。

纺织是个古老的行当，在这行当里劳碌的，古来多是女性，且一向只有织女一说，比如，被纺织行当尊为祖师的黄道婆，就是一位鼎鼎有名的织女。

在纺织行业中，黄道婆比张之洞资格老多了，虽是女流，却是中国元代著名的纺织技术革新家，松江乌泥泾镇（今上海徐汇区东湾村）人。说起来，黄道婆还真是个苦命人，出身贫苦，小的时候，就被卖给人家当童养媳。当年还不是“婆”的黄姑娘，估计也是个倔犟性子，忍受不了婆家的虐待，逃了出来，只身辗转从松江乌泥泾镇逃到海南岛的崖州（治今海南三亚西北崖城）。沿途的凄苦之状，真是一言难尽，可这也恰恰培育了黄道婆的韧性：在当时还很不发达的海南岛，她一待就是30多年。30多个365天，岁月无情，把黄姑娘的乌发“漂”得花白了，成了名副其实的黄道婆。可是，岁月无情人有情，就是这个黄道婆，付出了人生最宝贵的青春成本，却在海南岛黎族人民那里，学就了一身过硬的纺织技术。可就是这个性格刚烈、吃苦耐劳的黄道婆，心灵深处也有个弱点，那就是抹不掉的故土情结——尽管，除了生命，故乡显然没有给过她更奢侈的东西，可是，在冥冥之中，黄道婆似乎总能听到故乡的召

图 4-8　清代文昌门

唤。终于，漂泊异乡 30 多年后的一天，她，带着异乡学到的纺织技术和异乡的纺织工具，以织女的身份回到故乡，干起了专业纺织的行当。她不仅自己改进、革新纺织技术和纺织工具，而且还广为推广革新后的纺织技术，使得家乡乃至江南地区的纺织水平有了很大提高。为纪念这位纺织行业里的技术革新家，家乡人为她立祠。1957 年，上海市人民政府又为她重新修建墓园并立纪念碑。据说，黄道婆当年对纺织行业的革新，是多方位的，比如，她改进了棉花的脱籽技术——这是当时最让行内人头疼的；又比如，她改进了纺纱的一套工具，制作出搅车、推弓、三锭脚踏纺车；再比如，她改进了织造技术，用错纱、配色、综线、花工等技术，织出了名扬一时的乌泥泾被。尽管如今纺织技术与纺织机械早已现代化、科技含量越来越高，且织物也早已由麻织、棉织发展到如今林林总总多得让人眼花缭乱的地步，但是，黄道婆，这位平凡的古代织女，她生活信念中的那一份坚守，她那高尚的人格，以及由此人格“生长”出来的永不泯灭的创新精神，仍然是值得纪念的。

我们这座城市也是有“黄道婆”的。我们城市的“黄道婆”，虽不一定有元代“黄道婆”的传奇身世，但手艺也是不错的。当年武汉三镇中，汉阳手工纺织业最兴隆，汉阳城棉花街一带有数家手工纺织作坊。蔡甸镇周边不少农家，男耕女织古风犹存。那里织女众多，手艺娴熟，成品精良，夜上织机，旦则成匹。据史料记载，也是元代吧，汉阳就是闻名的纺织之乡，当年，朝廷每年要从这里征收 10 万匹棉布，如无足够多的织女们，那任务肯定是不能完成的。

纺织作为人类不可或缺的行业，似乎总处在方兴未艾之中，而家庭纺织业，却已经在都市消失了；在偏僻的乡村，这手工纺织的行当还时有所见——有的还真是在那里生产一些具有地域文化特色的织物，有的就是点缀景区的一抹风景。

有资料记载，湖北织布局当年招募职工，张之洞命令不许招收女工，且大量招募十二三岁的童工，年龄最小者只有七八岁[①]。不知依据何来。首先，大量使用童工，可降低成本，这倒也有可能。但大量使用低龄童工，生活自理能力都难以周全，企业管理上就是个大问题。其次，开办织布局的初衷，是“布衣兴国，蓝缕开疆”。再说，张之洞一向重视教育，在湖北任上，他构建了一整套完整的教育体系，职业教育机构、军事教育机构等，也尽量完善。督鄂十八年，在张之洞众多的贡献中，尤以教育方面的贡献最为全面扎实，而工业实业方面的贡献，奠

① 政协武汉市委员会文史学习委员会编：《武汉文史资料文库》（第三卷），武汉：武汉出版社 1999 年版，第 44 页。

基的意义远大于实际成效。湖北织布局开办之前，三镇手工纺织业就很发达，汉阳则一马当先。远在唐朝，汉阳就向朝廷进贡“赀布”和“扣布”了，而这两种布，都是汉阳的特产，据说是越洗越白，越洗越软，而且经久耐用。及至清代中叶，汉阳更是扩大了纺织规模，纺织作坊往往雇用大批织女，所产布匹远销外省，其中，家庭作坊所织的“赀布”和“扣布”，尤其受欢迎。对于这些民情，乃至“男耕女织”的传统，张之洞也不可能与之相违背。此后开办的纺纱局、缫丝局、制麻局，据同一资料记载，所招募的职工，男女皆有[①]。这就让人对“张之洞不许雇用女工”说法的真实性表示怀疑了。湖北织布局有英国布机一千张、纱锭三万枚，雇工两千五百人。产品有原色布、斜纹布、花布、面巾等，月产两千匹，每匹十丈。产品的质量不错，销路畅通，供不应求。

清光绪十九年至二十七年（1893—1901），湖北织布局共生产原色布三十三万零九百一十六匹，斜纹布一万一千七百八十五匹。据相关统计资料显示，自湖北设织布局以来，每年汉口进口的洋布，较往年减少了十四万匹。这数据，站在当年看，大致可以理解成，湖北织布局，已经初步实现了“略分洋利”的目的。

此后，张之洞又开办了纺纱局亦即纱厂，在武昌平湖门外建起湖北制麻局。设在平湖门和文昌门外的湖北制麻局、湖北织布局和湖北纺纱局，也给武昌老街巷及其街巷文化，创造了进步发展的机遇。早先自然形成的很不规范的街巷，消失了。这是一种进步。此举净化了附近众多教育机构如两湖书院、文普通中学堂周边的环境，也为武昌城的城市街巷格局，打下了近代规范化的基础。

---

① 政协武汉市委员会文史学习委员会编：《武汉文史资料文库》（第三卷），武汉：武汉出版社 1999 年版，第 45 ~ 46 页。

❹ 望山门外好缫丝

一直很遗憾，在我们引以为傲的四大发明中，没有养蚕、缫丝乃至制作丝织品的位置。可转念一想，这应该不是我们中国人定的。一查资料，果然，这个定义范畴，还真是“舶来品”。大约400年前吧，英国哲学家弗朗西斯·培根说，印刷术、火药、指南针，这三种发明已经在世界范围内把事物的全部面貌和情况都改变了。比这位哲学家晚200余年的艾约瑟，在他老乡的提法里加了造纸术一项，并指出：“我们必须永远记住，他们（指日本）没有如同印刷术、造纸、指南针和火药那种卓越的发明。”这是他在比较中日两国间文化水平时说的。艾约瑟毕竟常年在中国传教，逐渐成为著名的汉学家，对东方文化了解得更丰富，也更全面一些。造纸术、印刷术、火药、指南针，这四样发明，固然很伟大，可把一种昆虫养起来，抽丝剥茧，制作成绚丽光鲜的丝织品，绝对是人类文明史上灿烂的一页。在纸张发明之前，我们的祖先们要记事，最早是用硬物在龟鳖一类动物的壳上刻一些象形的符号。稍晚些才在竹片上刻，这种竹片就是“简”，刻得多了，把竹片用绳子串起来，就成了“册”；把册卷着搁在桌上，就成了“典”。刻毕竟很费力，“册”毕竟太重，古人说某人“学富五车”，其实，那人阅读的文字量，实在不比今天一本几十万字的读物多。纺织丝绸发明之后，也有人用丝帛来代替竹片书写记录，但那毕竟太奢侈，绸缎丝帛，当年是比黄金还贵重的东西，寻常人哪里用得起。从这个意义上看，纸张的发明，的确为以文字图案为表达的文化艺术的推广普及，作出了巨大的贡献。

相较于被外国人称道的那四大发明，我们华夏民族从事种桑、养蚕、取丝、织帛的历史，要久远许多。想想也实在很有趣，世上有不少虫子，专吃植物叶子，吃着吃着就长胖了，胖成了茧子，然后化茧成蝶，蝶儿产卵，再进入生命的又一轮循环。世上，这类虫子那么多，可我们的祖先，怎么唯独就相中蚕呢？蚕吐丝，除了增加汉语中一个“作茧自缚”的词条外，我们的祖先还发现它们吐出来的丝，是大有用途的。蚕丝可以织锦，织成绸缎丝帛，柔滑光鲜的丝织品，时至今日，仍是衣着寝具中的高档品，是雍容华贵的象征。养蚕缫丝织锦，其发明者是谁，一直介乎史料和神话传说相互杂糅之间。司马迁的《史记》与杨雄的《蜀王本纪》中均有关于“养蚕”的记载。我们是炎黄子孙，黄帝正妃的发明，大文学家之《史记》的记载，如果不加采信，似有不恭之嫌。可司马迁的《史记》中的相关记载，介乎文学和史学之间。而杨雄说的蚕丛，是古蜀国首位称王的人。他是一位养蚕专家，还是古代神话传说中的蚕神。这说法，更难当信史。经常用“白发三千丈”这类夸张语句，连眉头都不皱一下的李白，对杨雄的提法也表示怀疑：“蚕丛及鱼凫，开国何茫然。”唐代的赵蕤曾为《嫘祖圣地》作碑文：“嫘祖首创种桑养蚕之法，抽丝编绢之术，谏诤黄帝，旨定农桑，法制衣裳，兴嫁娶，尚礼仪，架宫室，奠国基，统一中原，弼政之功……是以尊为先蚕。”李白曾拜在赵蕤门下，可能受他老师的影响，宁信其师，不信杨雄。

寻找某一发明的发明人，如果历史不久远，又有翔实的记录，并非难事，比如电灯的发明者、电报的发明者。而像养蚕缫丝织锦这类程序复杂、参与者众多的发明，距离现今好几千年，尽管这一发明或许改变了人类文明的进程，但要找到确切的发明人，实在困难，不如相信这美好的传说。

张之洞是位饱学之士，没有纠结养蚕缫丝织锦这类程序是谁发明的。他更看重的是，这伟大发明的故乡，产业缺乏创新，整体产业链在衰退，利润在被洋人剥蚀。

张之洞记得，中国的养蚕缫丝织锦业，在西汉时，就名扬中外了。

当年，有个叫张骞的人，将中国的丝绸带到了中亚和西方，开通了著名的“丝绸之路”，从此，精美的东方丝织品，沿着这条至今还让我们津津乐道的路，不断运销西域，再转运到西方。中国丝绸，被西方人视为无上珍品，按重量而非按尺寸交易，与黄金等价，于是中国丝绸被称为“锦”——锦者，金帛也，可见其稀罕昂贵。张之洞也记得，时至唐代，华夏丝绸的生产更是“章采奇丽”“神乎其技”，与欧亚各国贸易频繁。外国商人沿着丝绸之路来中国购买丝织品的同时，也把养蚕、制丝、织造等技术带回去了。张之洞更关心的是，自从蚕桑业外传，外国人就奋起直追，以他们先进的机械，不断改良这行业中的缺陷，不断提高产量产值，致使发明这行当的故乡，反倒出现衰落的迹象。作为一方大员，张之洞于洋务运动中重要的一项就是重视农桑。他在武胜门外开办了湖北最早的三级农桑专业学校：武昌初等农业学堂、武昌中等农业学堂、武昌高等农业学堂，蚕桑养殖，是这些学堂必设的专业和必修课。张之洞清楚地知道，湖北缫丝业虽然一向很发达，但是丝绸织造惯用土法，且品质低劣。他想开办官营缫丝局，“惟民间素未见机器缫丝之法，无从下手，亟应官开其端，民效其法”，为民间缫丝业的发展立个标杆。有了这个想法之后，张之洞开始了积极的筹备和调研。他派湖北候补道刘保林到上海去考察，嘱咐刘保林别忘记带上一批湖北产的蚕茧，拿到上海的缫丝机上去“试缫”，为在上海购买相应的机械而做准备。看看准备就绪了，张之洞遂向朝廷呈递奏折，内称“（湖北）土性素亦产丝，而制造不精，销流不旺。若仿沪、穗等地，用机器缫丝者，较之人工所缫，其价值顿增至三倍，专售外洋，行销颇旺”。或许因为张之洞一向以干员著称，对于这次的请示，朝廷很快就批准了。于是，张之洞就下令，在武昌望山门外购地建厂，挑选“家道殷实，综核精明，久居上海，其家开设机器缫丝厂有年，且在汉口设有丝行，情形极为熟悉”的候补同知黄晋荃主持工作，构建“官督商办”的新型企业体制。官督商办，实际上也就是官商联营。黄晋荃虽然挂着“候补同知”的头衔，骨子里却是个精明的商人。黄晋荃知道有风险，世上绝无天上掉馅饼的事，但一想到利润，黄晋荃的积极性就上来了。按照事先“官八商二”的股本约定，黄晋荃到上海筹集商股两万两，加上官本八万两，就这样，湖北缫丝局就开工建设了。湖北缫丝局建成投产后，“织工三百人，每日制出上等品三十斤，普通品十八九斤”，“原料用湖北产、沔阳产最多，专用黄丝，其制品全部输于上海”。

缫丝，是蚕桑丝绸行业链中的中间环节，它的产品是生丝。这行业的终端，是刺绣。

湖北缫丝局的建成投产，最先受益的，是刺绣行当中的汉绣。

说起来，绣花这行当，幼年在乡下，倒也是耳濡目染。所谓耳濡者，就是父辈们常挂在嘴边的一句话：“麻利点啊，硬是像绣花样的。”或者是：“你看你哟，那么过细干吗啊，又不是绣花。”这些话，多半是批评人做事手脚慢，效率不高，而客观上，让我晓得了，绣花这活计，其动作，是快不得的，这活计，是需要“过细”的。所谓目染者，就是农闲时节，湾子里多有大姑娘、小媳妇绣花的。村姑村嫂们的绣花，往往是户外作业，多在门口树荫下，坐在一把竹制或木制的小椅子上，手持一小“绷子”，绷子上平平展展地绷一块素净的布或绸，手臂上挂几缕红的绿的丝线，纤指捏一绣花针，神情极专注地往那丝绸或素布上缀。邻里村姑们，平日里，都是旱地里抡锄头、水田里薅稗草的“赤脚大仙”，说话高声大嗓，做事风风火火的。每当绣花绷子在手，衣服就不是农忙下田时泥水汗渍的装束了，从人前走过，也不会带起一阵臭烘烘的汗味了。你看吧，花衣服整齐地穿在身上，线条也是凹凸有致。

图 4-9　汉绣壁挂

这，或许就是民间绣女的原型。

民间绣女，于绣花这行当，应该属于业余的吧。所绣之物，未出阁的姑娘，所绣的多是她们日后出嫁时的物件；已婚的小媳妇们，所绣的多是她们自己所用的鞋面、手绢之类。那些纯属工艺品的绣挂和官服之类，不是民间绣女的营生。对于民间绣女而言，刺绣，是业余的爱好。民间绣女的刺绣手艺，似乎有点修身养性、调适身心的意思。但如要考究这个行当的起源，毫无疑问，与其他行当一样，刺绣，肯定是从民间业余发展到专业乃至成为一个行当的。从诸多的考古发掘成果来看，汉唐以来，刺绣就有了很高的水平。在没有电，没有电脑，且机械工具欠发达的当年，她们的刺绣水平之高，制作工艺之精湛，简直是匪夷所思。

刺绣从绣女的绣房，发展到有绣坊、绣铺、刺绣局，直至成为一个行业，在我们国家，乃至因地域文化和针法色彩运用的不同而形成风格各异的流派——苏绣、湘绣、粤绣、蜀绣、汉绣几大流派中，我们的汉绣，占有重要一席。

汉绣，从绣品内容来看，大致可以分作金线人物和花草禽兽两大类，就工艺特色而言，以所谓“平金夹绣”为其主要特色。传统的汉绣，色彩、画工和构图都极讲究，绣品充分运用圆格、条纹组合的芦席片、万字锦、冰竹梅、竹龙锦等图案，显示出汉绣自己特有的工艺特色。

汉绣尤其讲究画工，一般绣铺，都有自己的专业画师。画师这行当，在汉绣行当里尤其重要。比如说杨新阶，此人擅长龙凤造型，老主顾往往点名要他设计龙凤图案。由于汉绣重设计，风气所及，各绣坊绣铺都重视对画师和设计人员的培养，乃至在一般绣工绣女中，也不乏手工精良兼懂设计的人才。汉绣行当中还有一不成文的行规，那就是绣品中的人物禽兽、亭台楼阁和盘金、勾金、片金等这些图案，都由男工制作，不许女工染指。女工只是担任花草图案的刺绣加工。故汉绣行当中就传出“女绣花男收饰，一画、二绣、三更改”的说法，意即绣女绣完后，必须经男工“收饰”修改，“画龙点睛”，以达到出神入化的效果。这行规，很有些性别歧视的味道。还是一首《竹枝词》对绣女的描写比较公允：“为人压线更加工，刺绣年年课女红。五色休夸花似锦，清香尽在一囊中。”

与苏绣、湘绣、粤绣、蜀绣相比，汉绣工艺有自己的绝活，尤以铺、压、织、锁、扣、盘、套这七种针法的变化运用而著称。汉绣下针果断，图案边缘齐整，名之曰“齐针”。绣品多从外围开始绣，然后层层向内走针，进而铺满绣面。除“齐针”的基本针法外，汉绣还根据绣品不同的质地和花纹，灵活运用诸如垫针绣、铺针绣、纹针绣、游针绣、关针绣、润针绣、凸针绣、堆金绣、双面绣等针法。在色彩运用上，汉绣以红、黄、绿、白、黑五色中的“上五色”亦即五色中最鲜艳的色调为主，采用块面式分层破色，既层次分明，又对比性强，且因多用“掺针”，使绣面浑厚凸起，富有很强的立体感，在刺绣业中独树一帜。

如今，早已进入电子时代，电脑设计、机器加工，刺绣业仍以精美的绣品点缀着我们的生活。但是，那种画师构图、男女严格分工的手工刺绣时代，却已然湮没在逝去的岁月里。眼下，大山深处的村寨，都市的里巷深处，以手工刺绣的绣女，绣些手帕、鞋垫之类，作为旅游景点的工艺品出售，间或有之。但以刺绣手艺谋生的男绣工，恐怕是没有了。曾经独树一帜的汉绣，其传统工艺和令人眼花缭乱的特色针法，不晓得还有没有传人。

湖北缫丝局的建成投产，不仅带动了湖北这行业中的上下游产业链，而且还推动了老武昌城尤其是望山门外一带街巷布局及其周边社会各层面生活的变化。

汉绣是从武昌发展至汉口的。据相关资料记载，清嘉庆年间江夏一带的绣品就很出众，渐次传入汉口。到清咸丰年间，汉口设立了刺绣局，加工制作各式官服、装饰挂品之类，可见刺绣业就已很有规模了。当时，武昌城有名且成规模的刺绣作坊有苏洪发、万兴发、徐大华等绣坊，除批零兼营各种绣品，还承接订货。如果活多了忙不过来，还将活计发给外面的绣工或绣坊加工，由此形成武昌塘角（今新河街一带）妇女刺绣加工的聚集之地。清同治元年（1862 年）前后，青山的郑氏兄弟，来汉口长堤街开设郑源茂和郑双茂两家绣铺，此后十余年间，陆续在大夹街、万寿宫一带开铺设局的有胡源利、黄开茂、涂添盛、郑天茂、郑大昌等。这些绣铺虽然也有绣工作业，但是多半以销售为主，而承接活计的铺外加工，当时大多还是在武昌城。刺绣局则是官办的机构，其业务以为官家采办绣品为主，并不生产绣品。社会对绣品的需求，大致分作民间和官府两部分。民间的小民百姓，婚嫁喜事的嫁衣等，民间绣女多自家解决了，讲究些的，才到绣铺购买。此等消费，实在是很有限。毕竟不是过日子的饮食，非一日三餐不可或缺。对于百姓而言，绣品实在是奢侈之物。绣品的消费对象，主要是富绅官宦人等，尤其是在帝制时代，文武百官，春夏秋冬的官服上，都是要绣出与其官阶相应的花鸟禽兽图案来的，他们家里，也免不了置办许多绣品挂饰，因此这类人才是绣品的主要消费对象。而这些消费者大多生活在武昌城众多的各级各类衙门里。受湖北缫丝局的影响，各类绣坊绣铺的加工，武昌塘角一带的生意，逐渐向湖北缫丝局所在地望山门外一带聚集，形成绣品加工基地，然后辐射到汉口。及至清光绪年间，汉口万寿宫亦即江西会馆周边，发展出 32 家绣货店，将这一带打造成绣铺绣坊林立的刺绣一条街，汉口的绣花街也因此而得名。据相关统计资料显示，当年，武昌和汉口两地，共有画师、绣工 500 多人，参与这行业的绣女 2000 余人，可谓是繁盛一时。汉绣饰品涉及面很广，民国之前，官服为大宗，清亡之后，除戏服外，汉绣尚有棺罩、轿衣、八卦衣、枕套、桌围、椅披、挂壁和立轴饰品等，都不乏精品。清宣统元年（1909 年），武昌彩霞绣品公司的绣画、美粹学社的绣字，都曾获得过武汉劝业奖进会的一等奖，湘记绣局、王荣兴的绣品获得四等奖。第二年，武昌彩霞绣品公司、美粹学社又获得南洋绣品赛会的一等金奖。至 1928 年，在湖北省第一次国货展览会上，武昌彩霞绣品公司和汉口广华绣铺的绣屏，一并获得特别奖。新中国成立之后的 20 世纪 50 年代末，汉绣大型壁挂“三棒鼓舞”“闹莲湘”，被选送北京，挂在人民大会堂湖北厅。

湖北缫丝局建在望山门外，早年夹在城墙和白沙洲之间那些以棚户为主的民居、以“扛码头”为生的民众所居住的简陋的小街巷，渐渐地便有了知名度。八步街，炭厂角，毛家巷，陆家街，听听这些街名，就

图 4-10 清代保安门外码头街市

知道生活在这些街巷里的人家的生存状态。有了个大型“现代化”企业缫丝局，本来就有汉绣传统的老武昌，不少绣铺绣坊就往这里靠拢了。虽然缫丝局不生产丝绸成品，但名气大，于是，这一带码头老街巷的生意不仅兴隆，而且进出货的品种也自觉与湖北缫丝局接轨。像望山门外的魏码头，几乎成了运送蚕茧、生丝的“专业码头”，原先以运送粮食为主的米码头，也接揽与桑蚕有关的生意。旁边的兴隆巷，也真正兴隆起来。

❺ 保安门外市井稠

涉及武昌城门与码头老街巷这个话题，保安门外至白沙洲之间的码头街巷，应该是“重头戏”。但让人感慨和遗憾的是，这一带的码头街巷，是“漂移”的。“沧海桑田”这四个字，还真不夸张。或许是上天眷顾我们这块土地，或许是我们的先人慧眼独具，相中了这块土地，在此地繁衍生息，营造出千湖之省、百湖之市的栖息地。或许是楚人蓝缕开疆精神的延续，在与水相争相斗相容相伴中，想给后人留下更多生存空间的同时，也给后人留下更多深刻的思考。在这江河交汇处，曾“造”出几个“岛屿”来。武昌城对岸汉阳的鹦鹉洲，后来没了，或者说已经与汉阳的陆地连成一片了。下游的天兴洲，还在“漂移”，专家仍在观测记录。金沙洲和白沙洲已然合二为一，除了中间有条巡司河与紫阳街分界，白沙洲已然是徒有“洲”之名而无“洲”之实。可当年这里的确是个“洲”，而且在相当长的岁月里，还是老武昌著名的“南市”，其市井气与烟火气之浓厚，与武胜门至汉阳门外一带的码头老街巷，堪可一比。

老武昌保安门外连接白沙洲的码头及其老街巷的营生，与对岸汉阳鹦鹉洲的情况相仿佛，都以经营竹木生意为主，有专营竹子的竹子厂，湘籍居民较多。或许武昌内城府衙和教育机构众多，整体文化氛围与粗放的生存方式、与粗放的码头生活状态不太相容，保安门与它的名字一样，相当于老武昌内城无言的“保安”，似乎想将内城的文气、府衙气封闭起来，以免外泄。其实，人类文化，本质上只有类别之分，没有高低之别。武昌内城再怎么有文化，吃喝拉撒没有外城一圈子码头街巷人家为之提供服务，那内城的居民怎么也活不下来。外城码头街巷人家，也自觉得很，各自生存有道且乐在其中——安贫乐道，恬淡度日，这既是一种人生态度，也是一种文化。鲇鱼套人家这样唱：“妾驻鲇鱼套内套，郎驻龟山头上头。只隔中流一条水，相见相思不解愁。”[①] 任你有

① 徐明庭、张颖、杜宏英辑校：《湖北竹枝词》，武汉：湖北人民出版社 2007 年版，第 73 ~ 74 页。

"保安门"，隔江之恋，也很浪漫美好。这里的街巷人家，因挨着长江，虽活得艰难，但只要谨慎小心，也还过得去："郎网银鳊鲙作羹，妾携双鲫带葵烹。前途听说风波恶，只傍洲边十里行。"[①] 当然，也都是猜度的文字。白沙洲素有老武昌南市的名头，以竹木、粮油、食盐集散中心而著称，宋代是其鼎盛时期。其实，这里生存不易。一方沙洲，可不是诺亚方舟。有记载表明，从唐代至清代道光年间的1000多年里，先后发生过50多次洪灾，白沙洲多次被洪水推移，由洲而成武昌南城外的沙滩。里巷市廛尽毁，惨状可想而知。"衙斋卧听萧萧竹，疑是民间疾苦声；些小吾曹州县吏，一枝一叶总关情。"清代诗人郑板桥的这首诗，肯定不是写给武昌保安门外白沙洲一带码头街巷人家的。但是，有这种情怀的为官者，任何时代都有。张之洞或许就有这种情怀，而且，他比郑板桥有条件。

在望山门外开办湖北缫丝局后，张之洞又发现保安门外一带是个可以开发的地方。作为一方大员，督鄂十八年的张之洞，肯定对保安门外百姓的生存状况有所了解。诚然，那里曾是码头经济繁盛的南市，但毕竟环境恶劣。张之洞对管辖范围内的地理民情，定然是了如指掌。清光绪二十五年（1899年），张之洞亲自挂帅，在先修筑完武青堤（武昌至青山）后，随即修筑武金堤（白沙洲至金口）。这段堤防工程浩大，总长度25千米。规格为堤高一丈七尺，堤面宽两丈。为保障工程质量，张之洞每半个月巡视一次。为彻底解决白沙洲一带码头街巷人家的生存环境，对原有洲边驳岸一律加固。为调节城内外水位，彻底根绝这一带的水患，在巡司河上建起一道著名的水闸，取名"武泰闸"，与武青堤的"武丰闸"遥相呼应。

---

① 徐明庭、张颖、杜宏英辑校：《湖北竹枝词》，武汉：湖北人民出版社2007年版，第69页。

武金堤建成之后，首先得益的是白沙洲一带的农民与渔民，“白沙洲侧落乌篷，丁字湾前理钓筒。朝去洲南暮洲北，一江日照两江红”[①]。老百姓过日子，要求不高，有了起码的安全感，就有了快乐，有了“幸福感”；其次是杜绝了涨水时江水顺巡司河倒灌内城的隐患。于是，这一带码头的活跃，就显得有持续性了。从万佛寺向下，盐码头、米码头、油码头，一字排开，开工场景相当壮观。

盐码头，是专门卸载食盐的码头。包装食盐的袋子有两层，里头一层是油纸袋，外头一层是麻袋，油纸袋不怕沾水，麻袋不怕磕碰，两层包装，可以基本不出现损耗。扛码头的汉子，一天累下来，赚不到两升米钱，不可能像绣女那般轻手轻脚，弄洒了，那是赔不起的。扛盐包是一个人的活。一包食盐一百来斤，拎起盐包两只角，腰一挺，嘿的一声，就甩到肩上了。

米码头，是以卸载粮食为主的码头。运粮船到时，扛码头的鱼贯而上，两个彪形大汉，站在粮食包堆上，一起弯腰，各自抓起重两百来斤麻袋的两个角，喝一声：“哎呀么喳呢——喂！”荡了一荡，另一个候在边上扛码头的，就在那“喂”声响起之际，腰一弯，借两个彪形大汉向上荡包之力，伸肩就力扛起，颤颤地往岸上走。

油码头，是白沙洲专一卸载食油的码头。旧时装油没有如今“奢侈”，仅仅用油篓。油篓以竹篾做骨架编成，内外糊以油纸，再用桐油反复涂抹得透实了，每只可装油两百来斤。运油船来了，扛码头的两个人一组，用绳子将油篓兜得稳妥了，前头的那个喊一嗓子：“嗬！嗬！嗬——嘿子哟！”抬后头的，立马跟上喊一声：“嘿哟，嗬——嗨子哟！”就这么一前一后，朝岸坡上走去。

① 徐明庭、张颖、杜宏英辑校：《湖北竹枝词》，武汉：湖北人民出版社2007年版，第69页。

图 4-11　昔日白沙洲码头作业场景

人们常说，无处不江湖。“江湖”二字，码头上表现出的粗野，在白沙洲这相对简陋的码头街巷一带显得尤为直观。为争取工作岗位或薪酬更优厚的岗位，或相互间，或与码头主之间展开的竞争，码头与码头之间为争取更多的业务量或争取扩大地盘而展开的竞争，仍时有发生，“打码头”的血腥事件也就屡见不鲜。不过，码头上的江湖套路，都不用阴招，更多的是一言不合，撸起袖子就干仗。收工回到离码头不远的小巷子里，竹床一摆，一碟子卤猪耳朵，一碟子炒黄豆，一斤糙白酒，刚才还干仗的两个人，可能又一起喝得亲如兄弟。

无论武昌内城的生活氛围是如何“高雅”，内城的生活之根，还是扎在外城这些码头老街巷里。没有如白沙洲这些码头老街巷的供给，保安门里也难以“保安”。张之洞督鄂十八年，虽身居庙堂之高，但喜欢微服私访，喜欢亲临现场，体察民情。比如，张之洞定期检查武金堤的建设；再比如，张之洞多次出入保安门，到白沙洲一带视察那里的码头老街巷。武金堤建成之后，这里的码头活跃了，这里的街巷人家的生活基本安定了，不必经常半夜里被惊起“逃水荒”。但张之洞看到整个白沙洲一带生长的芦苇，除了农人、渔家将其当柴薪外，大多自生自灭，真是浪费。隔江那边多竹子，保安门外就有竹子厂，边角余料也大多浪费了。张之洞觉得在这里开办一家造纸厂，是可行的，既可以利用当地资源，又可以给街巷人家创造更多的就业机会，缓解“打码头”带来的无序竞争。造纸厂投产后，保安门外连接白沙洲的这一片老街巷，形成一个相对完整的生活圈，有工业，有农业，有渔业，有繁忙的码头运输业，显得生机勃勃。热闹的市廛，浓厚的人间烟火，有比内城更多的生活韵味。武金堤至今仍在，无言地“记录”着昨日的沧桑，也承载着向明天迈进的梦想。

第五章
首义觅踪　铁血留痕

关于楚文化的话题，十多年来，学界做了大量的研究，成果斐然。从地域文化的角度切入研究楚文化，在华夏大文化的框架下审视楚文化对中华文化的贡献，从纯历史学和社会学的角度，解读楚国从蓝缕开疆至饮马黄河、问鼎中原终至君虏国亡的兴衰得失，其意义不言而喻。本书并非史学专著，无意且不可能对楚文化的博大恢宏和楚人精神之整体性做解析与阐释。作为武汉这座城市的市民，乡间四季劳作农人的辛劳和质朴，都市里的老街老巷，至今还或隐或现留存的千百年前先人的艰辛奋斗、在坎坷跌宕中激发出的创造精神，都是生养我们的这片土地的“养料”。这片土地上民众日常的习俗礼节乃至方言发音流变，那些老街巷里留存的砖石瓦楞旧迹，被岁月浓缩后流传下来的故事和传说，凡此种种，都能成为我们地域文化溯源的“蛛丝马迹”。楚本炎黄一支，其先人曾为“火正”，后被赐予“子”的爵位。在“公、侯、伯、子、男”的爵位中，排名倒数第二。楚先人熊氏一脉带着“子”的封号，沿着汉水筚路蓝缕地来到被中原王朝视为“蛮夷”的封地后，没有湮灭炎黄一脉的血性，在开疆征伐中获得了更多的土地和人口，涵养出吸纳兼容的胸襟。崇拜凤凰，哭嫁跳丧，浪漫而豁达，让黄河文明与长江文明无缝对接，融中原文化而开创出一枝独秀的楚文化。在八百年的垦殖创新与征伐融合中，楚文化已然突破地域文化的范畴，成为华夏文化大厦中最重要的组成部分。

一、“山雨欲来”满街巷

❶ 多宝寺街补科学

在武昌老街巷里，多宝寺街不是一条很抢眼的街。这条街长三百多米，宽六米左右，曲曲拐拐的，进辆汽车都很难。而这条老街巷，早先还是由东、西两条街所组成的。西边那段因有个叫“楚善公所”的米业工会，故而就叫了楚善街；东边这段因有座多宝寺，就叫了多宝寺街。现在将两条街合并成一条街，尽管米业工会和寺庙都没有了，街名还是叫作“宝善街”。之所以将武昌的这条老街巷单独列出来介绍，是因为在这条老而小的巷子里，曾经成立过近代湖北最早的革命团体——科学补习所。那是 1904 年，刘静庵、吕大森、张难先、胡瑛、曹亚伯等几位热血青年，找到湖北老乡时象晋，告诉他要成立一个以“光复汉族、革命排满”为宗旨的革命组织，为掩人耳目，对外宣称为科学补习所。这位时象晋（1854—1928），籍贯湖北枝江董市镇，也是个奇人。曾是清朝贡生，早年学习中医，清光绪元年（1875 年）前后在董市镇开药铺，坐堂行医。1885 年，他参加乡试中副榜。1887 年，他担任云梦县教谕。1896 年，时象晋到日本考察教育，然后他回到家乡，创办枝江高等小学堂。1897 年，时象晋出任安陆府训导；此后，又曾到罗田办学堂、在武昌棋盘街开办滋兰女学堂，还曾先后受聘在张之洞开办的存古学堂、两湖总师范学堂、工业学堂等学堂任史学教习。被尊为共和元勋，与孙武、蒋翊武并称“辛亥三武”的张振武，就是时象晋的学生。1903 年，时象晋在武汉参加拒俄运动，湖北留学生在上海创办昌明公司，时象晋是昌明公司武汉分公司的创办人。这家武汉分公

图 5-1　孙中山题赠曹亚伯

司，先后发行、翻印了《猛回头》《警世钟》《湖北学生界》等宣传革命思想的刊物。由此看来，这家公司不像是以赚钱为目的的公司。时象晋对刘静庵等人的提议积极响应，并主动提出就在他家召开科学补习所成立大会。说是“成立大会”，其实参加的核心成员也就是那么几个人。当然，这样做完全是出于安全考虑。大会推吕大森为所长，选胡瑛为总干事，曹亚伯主持宣传，宋教仁担任文书工作，等等。科学补习所的工作，实质上是以补习文化、研究科学的名义，在青年学生和新军士兵中开展工作，宣传对象和革命发动工作的重点，是湖北新军军营的士兵和下级军官。

近代湖北最早的革命团体成立于武昌，其源可以追溯到张之洞督鄂时期。张之洞是个醉心洋务的晚清大臣。他的醉心洋务，反映在社会生活的各个领域，尤以教育、实业、操练新军最为突出。他主持开办的各类学堂，无论是五路高等小学堂、文普通中学堂、两湖总师范学堂等文科学堂，还是武普通中学堂、湖北陆军讲武堂、湖北陆军测绘学堂等武科学堂，培养出来的，大都成为推翻清朝统治的急先锋、得力干将或民国的开国元勋。而那些科学补习所的骨干成员，也得益于张之洞的“培养”。他们大多是张总督官费送到日本留学的学生。有数据表明，截至 1905 年，清政府官费派遣的留学生多达八千余人，其中以湖北籍的留学生居多，这些楚人后裔，大多数在留学期间就是革命的活跃分子。像李廉方、李书城，在留日期间就编辑出版《国民报》《湖北学生界》，组织湖北同乡会，呼吁“同人游学海外，目击时局，知非合群策群力，结一大团体，断不能立于生争竞存之恶风浪中”。这些学子回国后，恰逢张之洞扩编湖北新军，并以他一贯的行事风格，优先录取有文化的“知识青年”入伍。那时，对于抓枪杆子的重要性，湖北籍的革命青年早已清楚，尤其是自立军起义失败之后，进入新军军营，运动士兵和不满清政府统治的下级军官，已是这些“知识青年”的共识。于是，像张难先、胡瑛，就乘机进入了工程营，刘静庵进了马队营，他们在敌人的军队里埋下了革命的火种。

也许是感到不安全，在时象晋家成立的科学补习所，不久就搬了家，从多宝寺街搬到了魏家巷 1 号。又过不久，湖南人黄兴来到了武昌。这位华兴会的领导人，是来联络湖北革命同志参与一个重大行动的。也就是在魏家巷，黄兴告诉刘静庵等人，1904 年 11 月，慈禧太后要在京城举办她的七十寿诞庆典。湖南的华兴会认为这是个起事的好机会。黄兴的计划让科学补习所的革命者们兴奋不已，当即表示赞同并积极响应。不久，黄兴就回湖南做准备去了。武昌的科学补习所，也开始了积极而有效的准备，并对主要成员做了明确分工：由张难先、刘静庵负责动员组织工程营、马队营和武昌文普通中学堂、武高等学堂里的积极分子参与起事；吕大森带着几个人分别回到各自的家乡施南府、荆州、宜昌，发动联络会党群众；胡瑛带着几个人负责购买、运送武器弹药。正当湖北这边准备妥当之时，黄兴负责的湖南那边的起事计划却泄

图 5-2　黄兴

密了，并且当地官府的缉捕行动很快便开始了。华兴会的机关被捣毁，文件之类一应资料被收缴，并在其中发现华兴会与武昌的科学补习所有联系的线索。湖南的官府将相关情况上报给湖广总督张之洞，当得知这个消息时，张之洞的表情和心情不得而知，虽然在眼皮底下准备起事的多是他的“弟子门生”，但事关重大，张之洞认为缉捕祸首是必要也是必需的。好在起事计划泄密伊始，黄兴当即电告科学补习所的同志。接到电报后，科学补习所的同志立即疏散，虽然没有人员损失，但是近代湖北最早的革命团体就此解散了。湖南起义失败，殃及湖北，这也是自立军起义失败之后的又一遗憾吧。

❷ 高家巷藏日知会

高家巷这条老巷子，长不足百米，宽两米左右，可谓是短而窄。高家巷南连候补街，北接崇福山街。不太熟悉武昌街巷地名沿革者，往往

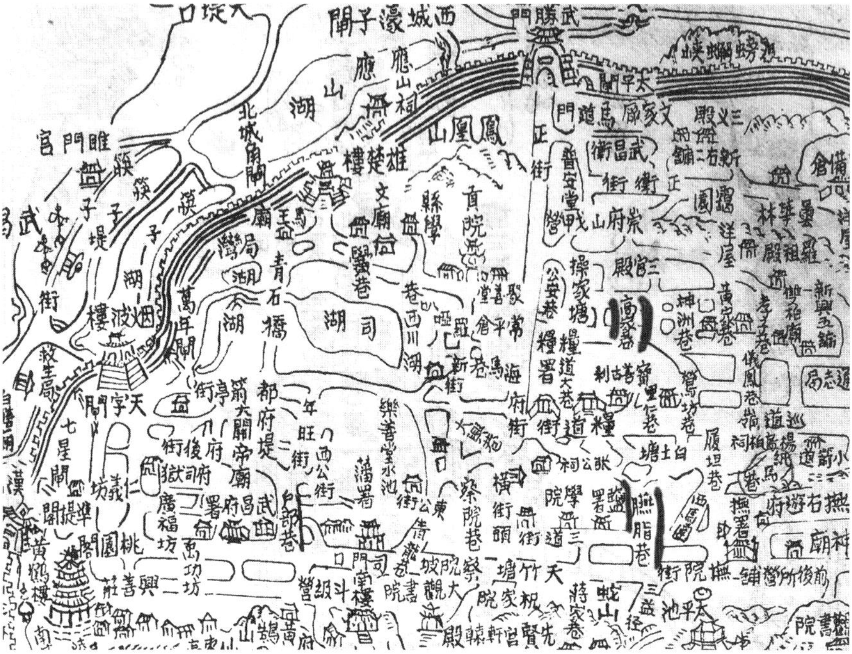

图 5-3　武昌高家巷、胭脂巷一带地图

不会将花园山和崇福山街联系在一起。其实，花园山就是崇福山，或者说崇福山是明代就有的称谓，更准确地说，崇福山最早叫崇府山。当年，朱元璋战场获胜，又闻添丁之讯，可谓是双喜临门。明洪武三年（1370 年），朱元璋封其第六子朱桢为楚王，洪武十四年（1381 年），朱桢就藩武昌，是为楚昭王。如今的花园山亦即崇福山，就是朱桢的第五个儿子所建崇王府的所在地。于是，山以府为名，被称为崇府山。至于崇福山，或许是崇府山的讹读吧。看来，此地的风水肯定不错，凡来此地建屋起楼者，不是有眼光，就是有来头。就比如高家巷吧，就是因为一高姓人家喜养花，故名高家巷。外国人不一定懂中国的堪舆学，但他们晓得山清水秀很舒服，再说，他们进入武昌这一带，多是打着传教的旗号来的。就在高家巷与崇福山街交界处，建筑面积达 1600 平方米，人称崇福山街 49—51 号的地方，是基督教美国圣公会的救世堂。如何救世呢？办教育就是个好主意。于是，救世堂就有了教育机构的职能，叫圣约瑟学堂。这就为老武昌城的文气中，增添了些“洋气”。汉口开埠后，久闻汉口“货卖堆山”“插根木头桩子”都能赚到钱的大名，一些高鼻子凹眼睛的投机者，借助当时朝廷腐败之机和一项项不平等条约的支持，到汉口辟租界，开洋行，赚得盆满钵满。另一些传教士，则相中了武昌的文气，觉得武昌是个重视文化教育的地方，尤其是昙华林一带，人文环境相当不错，就在这里开办了众多的教会机构。西方教会进入中国，对中国社会生活的影响这个话题，各种观点颇多。西方教会进入中国，与传教士“结伴而行”的，除了教堂之外，主要是两个方面，一个是医疗机构，另一个就是教育机构。武汉三镇至今仍存的教会学校，校名都改了，但大多是现在的“重点中学”，其尚存的校舍建筑，于沧桑中仍可窥其精致精美。同济、协和、普爱这些当年由西方教会筹办的医院，不仅至今名字未改，而且多是“三甲医院”。观点归观点，研究归研究，与上述学校、医院一样，武昌昙华林一带的教会教堂甚至教会区，包括高家巷北端与崇福山街交会处的圣约瑟学堂，毕竟存在过。圣约瑟学堂，也被称为“日知会学校”。日知会学校里面的书报阅览室，是刘静庵经常来读书看报的地方。这就是高家巷这条小巷子出名的原因：日知会，后来干脆成为一个革命团体的名字。日知会，是继科学补习所解散后由刘静庵牵头与曹亚伯等人成立的湖北第二个反清革命团体。说来话长。在时象晋家成立的科学补习所，搬迁至魏家巷不久，因受湖南华兴会起事失败的牵连，科学补习所实际上就解散了。刘静庵是湖北潜江人，早年勤思好学，对清政府的腐朽统治早已深恶痛绝。经过长期思考，觉得深入军队发展同志以壮大革命力量是唯一的途径。为

图 5-4　黎元洪

此他来到武昌，进入张之洞创办的新军。看上去，刘静庵是个文弱书生，沉默寡言，为人低调谦恭，革命意志却十分坚定。在军营，刘静庵秘密串联同道，人缘口碑甚好，被时任护军马队第一营管带的黎元洪提拔为文书，相当于秘书、副官的位置。科学补习所因受湖南华兴会起事失败的牵连，相关文件资料到了黎元洪手上，其中就有刘静庵的科学补习所与华兴会联系的信息。自己的文书是个“乱党”，抓，还是不抓，这是个问题。关于黎元洪当时思想斗争的经过，以及紧张激烈程度，不得而知，但他的处理办法还是比较智慧的：责令刘静庵请长假出军营，烧毁一切有关刘静庵的资料。黎元洪毕业于天津北洋水师学堂，科班海军出身，一毕业就被李鸿章授予六品顶戴。经历过悲壮的甲午海战，死里逃生后，李鸿章那里是回不去了。黎元洪听说张之洞爱才，即投奔这位朝廷大员。当时张之洞在南京履职，得知黎元洪的经历之后，对他极为赏识，并委以重任。张之洞调任湖广总督后，把黎元洪也带回湖北，先是让黎元洪负责监制湖北枪炮厂的快炮生产，后又任其为马队管带，授予五品顶戴。对黎元洪而言，张之洞几乎是他的“再生之父”。张之洞不仅让黎元洪结束了长达几十年的漂泊生活，而且还让他迎来了仕途的新生。如今想来，当年作出让刘静庵请长假离开军营的决定，颇见这位黄陂人的智慧：既要解决必须面对的大难题，又不能得罪革命党，还要不动声色地保护好自己。

刘静庵逃过一劫，但这位看似文弱的潜江人，初心不改，来到他经常读书看报会朋友的圣约瑟学堂，找到他的朋友兼教友——基督教美国圣公会的牧师胡兰亭，告知其窘境。

胡兰亭，祖籍汉川，也是个有故事的人。说起来，胡兰亭是个孤儿，讨饭流落到汉口，被伦敦会福音堂收养，并被安排进福音堂中学部学习。或许是缘分吧，英籍牧师杨格非很喜欢胡兰亭这个中国孩子，于是这位传教士，亲自为胡兰亭施洗，并推荐他到武昌文华书院学习。武

图 5-5　武昌文华书院老照片

昌文华书院，是如今华中师范大学的前身之一。1882 年，胡兰亭被保送上海圣约翰书院，攻读神学，一学就是四年。1886 年，从上海圣约翰书院毕业后，胡兰亭相继被教会派往宜昌传道，任职于武昌文华书院，担任过武昌圣约瑟学堂的会长，出任过武昌圣公会所设日知会司理，最后升任为鄂湘教区的会吏总。胡兰亭接掌武昌高家巷附近的日知会，是 1902 年的事。刘静庵从潜江乡下来到武昌，是 1903 年，他与张难先、吕大森等人在时象晋家创办科学补习所，是 1904 年且不久被迫解散。算下来，刘静庵与胡兰亭相识相交，成为教友乃至革命战友，就在刘静庵到武昌从军不久那段时间。刘静庵被黎元洪"安排"请长假出军营，胡兰亭当然能猜到其中的"奥妙"，而且他也知道刘静庵这位小老弟的理想。于是，胡兰亭干脆聘请刘静庵担任日知会的司理，便于刘静庵以洋教作为掩护，去做中国改朝换代之事。有了这个身份，日知会实际上就成为辛亥革命爆发前夕武昌城内一个重要的革命团体，由宣传新知识、新思想的读书机构，变为宣传推翻清政府的革命团体。安排好武昌的日知会，胡兰亭又急匆匆地赶到长沙，协助湖南教会，把黄兴安全送离长沙。如今想来，如果没有胡兰亭的鼎力相助，辛亥革命以及后来中华民国早期的历史，其中某些重要的章节和细节，很可能需要重写。

1906 年，胡兰亭受派到日本留学。1906 年 12 月，武昌日知会遭劫。

日知会遭劫的经过，大致是这样的——

1906 年 12 月，同盟会湖南分会组织会党群众和矿工、饥民，准备在湘赣边境的萍乡、浏阳、醴陵发动武装起义。孙中山在日本东京的同盟会总部得到消息，当即派同盟会会员梁钟汉、朱子龙和胡瑛，回湖北组织响应。当这几位从东京回来的同志约请武昌日知会的刘静庵等人在汉阳的琴台商议大事，并紧锣密鼓地筹备响应具体事项时，湖南起义已经失败。消息传来，空气变得骤然紧张：湖北革命党人只得决定搁置响应计划，一边考虑是否会受到牵连，一边做最坏的打算，先分散隐蔽，以待时机。此时，张之洞已然得到革命党人潜入湖北的消息，于是命令高额悬赏，火速搜捕。就在此时，革命党内部出了个叛徒，这个叛徒叫郭尧阶，其叛变的主要原因是为了得到五百两的赏银。就这样，刘静庵、张难先等 9 名革命党人被捕入狱。

有资料显示，这 9 名革命党人在狱中吃尽了苦头，但无一人是软骨头。张难先干脆就承认自己是革命党。刘静庵是被举报的“主犯”，却始终不承认，因而刘静庵受刑最重。据相关资料记载，狱中的差役用竹鞭在刘静庵的背上连续抽打，脊骨都被抽打得露了出来，刘静庵不仅不承认自己是“主犯”，而且还不停地骂。

被关押期间，刘静庵曾被多次转狱。病逝后，其母亲赶到狱中，见到骨瘦如柴、须发尽白的尸体，不敢相信这就是自己 36 岁的儿子。刘静庵在狱中肯定受尽酷刑折磨。清政府对他的宣判是死刑，但由于狱外各界人士奔走营救，“日知会谋反案”的社会舆论太大，当局恐造成更大激变，深感压力，由“从缓办理”拖到“永远监禁”。令人敬仰的是，狱中伤病交加的刘静庵，精神始终没有崩溃，革命初心未改，“中原有士兆民病，上帝无言百鬼狞。敢是达才须磨炼，故教红炉泣精金”。狱中的刘静庵，坚持读书学习，读书内容也很庞杂。从他留下的狱中读书笔记，可以了解到，经学、史学，甚至音韵学、训诂学、宋明理学，都曾涉猎，读书笔记写得也是一丝不苟。令人痛惜的是，由于伤病的折磨，刘静庵，这位被许多辛亥老人称为“革命完人”的革命者，于 1911 年 6 月病逝于狱中。

1909 年，胡兰亭从日本留学归来，在武昌圣马可堂任牧师，经常以传教的名义去狱中探视老友。刘静庵逝世后，胡兰亭为其操办后事，赡养刘母，且将刘静庵的相关言行整理成《刘静庵》一书出版发行。1911年10月，武昌起义成功后，胡兰亭婉拒出任任何官职。

另外，武昌高家巷这条老巷子，还是贺龙参加南昌起义前国民革命军第二十军军部驻地。1927年7月上旬，周恩来亲自到高家巷第二十军军部驻地，与贺龙进行了亲切交谈，分析政治形势，阐明中国共产党武装保卫革命的主张，征求贺龙对反击蒋介石、汪精卫反动势力的意见。贺龙向周恩来表示，坚决服从中国共产党的领导，和国民党反动派彻底决裂。此后，按照中国共产党的安排，贺龙率领第二十军从武昌出发参加南昌起义。从这个意义上讲，武昌的高家巷，可视为贺龙跟随中国共产党踏上革命征途的起点。因此中细节与首义觅踪无关，故从略。

❸ 朝街结缘文学社

武昌有两条“朝街”：大朝街、小朝街。这两条“朝街”南边的交会处是土地庙，土地庙旁边是关帝庙，尽头处是保安门。

大朝街后来改叫复兴路了，大朝街里“珍藏”着很多与辛亥革命相关的故事。小朝街街名依旧，岁月催人老，亦催街巷老。小朝街本来就小，小且“老”，容易被忽视。其实，小朝街里曾经住过的人和曾经发生过的事，是让后人铭记和叹惋的。

刘静庵等人创办的科学补习所和日知会相继出事之后，武昌的革命党人也在总结经验教训。组织不严密，尤其在军队中缺乏严密的组织力量，是教训之一。于是，一些日知会在新军中的老会员，发起组织以运动军队为主要任务的社团组织。开始，以“湖北军队同盟会”的名义，积极恢复和发展革命力量。经过一段时间的努力，串联起400多人。虽然规模较大，但湖北军队同盟会由于过于强调隐蔽，强调独立活动，连起码的组织形式和办事机构都没有。在那个年代，同志之间的联系之难，可想而知。所以，湖北军队同盟会自成立之日起，仅组织过一次活动。此时，以孙中山为核心的同盟会已经在各地成立了分会。鉴于湖北军队同盟会过于松散和日知会过于暴露的教训，它们中的部分同盟会会员于 1908 年成立了一个叫“群治学社”的组织。较之早先成立的革命团体，这个组织最大的特点就是组织严密，有组织《简章》和《宣言》，利用当时清政府推行所谓“预备立宪”的机会，群治学社以“研究学问，提倡自治”为合法掩护，以“促睡狮之猛醒，挽既倒之狂澜”为目标，在湖北新军中开展宣传组织工作，发展革命力量。群治学社有很规范的组织结构，有社长、文书、会计、评议员等一系列岗位。社员入会，必须有可靠的社员介绍，有相应的入社手续。社员入会时，先交纳一元会费，以后每月尚需交纳个人薪饷的十分之一作为会费。这看起来是个经济问题，实际上是让每个社员意识到自己的命运和组织是连在一起的。由于组织程序相对规范严密，群治学社在湖北新军中发展自己的力量，稳健而卓有成效。因此，尽管此后又因为支援湖南革命党人起义而暴露，群治学社被迫改名为振武学社，但基本力量没有受到毁灭性打击。振武学社开办期间，革命党人在湖北新军中的力量发展，其社员数量一度超过一千人，几乎遍布新军第八镇和第二十一混成协各标营，尤以混成协第四十一标和第四十二标最多。振武学社的主要领导人蒋翊武、刘复基、李六如等都在第四十一标当兵。虽然这几位领导人都很自律，但是领导人都在此集中，并且来此处办事者又多，难免会引起他人的注意。1910 年，振武学社的章程等文件曾数次被该混成协的长官发现。而该混成协的最高长官不是别人，就是黎元洪。这些白纸黑字的东西送到他手上，又等于给他塞了个烫手山芋。作为该混成协的最高长官，革命党人就在他眼皮底下活动，真是岂有此理。但一看这些文件，上头尽是些“讲究武学”“研究学问”之类冠冕堂皇的文字，似乎也挑不出毛病。有过处理刘静庵事件的经验教训，黎元洪虽然着急，但是行动上却不能有太大动作。一来，在查抄来的文件中没有确凿的证据；二来，估计黎元洪本人对清政府这个摇摇欲坠的政权也没有多少信心。所以，他一边怒叫严办，一边息事宁人，将平时就看不顺眼的李六如等人开除军籍，算是对上边有个交代。看来，“振武学社”的名字是不能再用了。

于是，就有了“文学社”。

文学社，是振武学社的换名。“振武”太招摇，“文学”较平和。换汤不换药，只要能达革命之目的，换汤又何妨？

振武学社更名为文学社的主意，是詹大悲提出来的。

那是在李六如等被黎元洪开除军籍不久，在汉口为振武学社办机关报《大江报》的詹大悲，听说武昌这边出事了，赶过江来，约同志们议事。詹大悲是《大江报》的主编。这份报纸，以大胆揭露当局的腐败和黑幕而著称，对湖北新军中克扣军饷、打骂士兵、减发服装等丑闻，多有报道抨击，在当年的三镇很有影响。大冬天的，机关报的主编过江到武昌来，蒋翊武、刘复基等人召集社团几位核心成员，在阅马场附近一家叫“集贤酒楼”的馆子，用为汉口大文人接风的名义，商议大事。詹大悲面对几位“舞枪弄棒”的同志，表达了振武学社既然惹人注意，莫若弃武用文，掩人耳目，免于招摇。其实，蒋翊武、刘复基几位同志，虽人在军营，也都是读书人出身。詹大悲的提议很顺利就通过了，并当即形成决议：春节军营放假之日，在武昌原黄鹤楼旧址处举行文学社成立大会。成立大会上，选举蒋翊武为社长，詹大悲为文书部长，刘复基为评议部长，文学社总部机关就设在小朝街 85 号，同时在汉阳、汉口设立分部。

选择小朝街 85 号作为文学社的秘密总部，是有原因的。这处宅子是张廷辅的寓所。张廷辅，河北邯郸人，家境优裕，自幼由父亲启蒙，后来进入广平府莲亭书院读书，但对经学理学之类不感兴趣，唯独对军事学问情有独钟，博览中外军事典籍。性格刚强，为人豪爽，颇有燕赵之风。当年，有独子不当兵的风尚，但身为张家独子，却立志从军，考入保定武备学堂。在军校期间，深受孙文革命思想影响，加入同盟会河北分会。军校毕业后，张廷辅被分配至湖北新军。在湖北新军军营，他与革命党人蔡济民等关系密切，并于1909年组建了革命团体“将校研究团”，与蒋翊武、詹大悲、刘复基的振武学社性质一样，名为研究学术，实则是宣传革命。1910年，张廷辅干脆加入了振武学社。文学社成立后，张廷辅不仅把将校研究团与文学社合并，而且动员新军中其他革命团体，都与文学社抱成一团。以自家私宅作为革命团体的秘密总部，一旦出事，将累及家人，这种风险，张廷辅不会不知道。可张廷辅却慨然应允，1911年5月10日，文学社召开会议，推张廷辅为参议兼总务部长，协助正副社长工作，成为文学社主要领导人之一。其寓所也成为革命党人活动的指挥中枢。

辛亥革命爆发之前，武昌的革命团体，一茬茬兴起，失败，再兴起，有如野草般旺盛顽强的生命力。而小朝街，这条老街巷，就是历史的见证者之一。

二、多事之秋辛亥年

❶“八月十五杀鞑子”

一百多年前的三镇街巷，如一坛密封太久的老酒，酝酿的时间太久，揭盖之前，酿造者或分享者，似乎都有一种异乎寻常的紧张——是琼浆玉液，还是苦涩酸汤？如果仅仅是一坛杯中之物，倒也罢了，佳酿固然可以为之一醉，苦酒虽难入口，弃之亦无妨。可那“酿造”的，是一场改朝换代的革命，准备启动的，是一次惊天动地的引爆。中秋佳节临近了，整个武汉三镇私底下都在盛传："八月十五杀鞑子。"

历史上的辛亥革命，并非陡然发生的事件。武昌城那些老街巷里蓄积的力量，亦非一日之功。近代时期的湖北先后成立科学补习所和日知会，湖南有以黄兴为首的华兴会，华兴会与日知会多次合作，虽然一次次失败，一次次有人流血有人被枭首，但是荆楚大地，从来就没有平静过，楚人的血性，在镇压和屠杀中淬炼得更具锋芒。孙中山成立的同盟会，开始以"驱除鞑虏，恢复中华"为口号。从中华民族大家庭的历史来看，这个口号肯定是有历史局限性的。但是，这个口号在当年那个革命年代，却有着强烈的号召力。明末，扬州城在经过激烈抵抗后失陷，清军屠戮劫掠，长达十日之久。扬州城的百姓除少数于城破前成功逃出或个别在清军入城后因隐蔽较深而幸免于难之外，几乎全部惨遭屠杀。清政府对汉人实施的这些暴行，在其入主汉地之后被刻意掩盖，导致清末以前大部分人对此屠杀事件是一无所知。辛亥革命爆发前夕，当年的幸存者王秀楚写的《扬州十日记》，被革命党人从海外带回国，"希望使忘却的旧恨复活，助革命成功"，"扬州十日"这段历史才广为世人所知。汉文化中向来有"杀降不祥"的观念，或许是对"扬州十日""嘉定三屠"记忆太深刻的缘故，有清一代，汉人的反抗情绪一直在压缩中发酵。晚清时期，两湖地区以推翻清政府为目标的革命团体及其革命党人的前赴后继，是这种矛盾激化的必然表征。

辛亥首义爆发前，武昌的文学社和汉口的共进会鄂部总会，已然合并。1911 年 9 月 24 日，两个团体在武昌胭脂巷 11 号召开联合大会，决定农历八月十五日中秋节（公历 10 月 6 日）为起义日期。胭脂巷也是武昌老街巷之一，因胭脂山而得名，胭脂山这一带早年叫巡道岭。从清代相关地图上得知，胭脂巷与刘静庵从事革命活动的高家巷南北对望，看上去似乎不远，实际上，在现胭脂路没有修筑之前，是要“翻山越岭”的。胭脂巷 11 号现已不存，此处是当年共进会积极分子胡祖舜的住处，也可以说是首义党人的秘密据点之一。会上商定由蒋翊武任起义总指挥，孙武为参谋长，张廷辅为参议兼军事筹备员，负责绘制和分发武昌街道地图、部署兵力、组织实施起义计划。“八月十五杀鞑子”，估计是从这里传出来的，是“隔墙有耳”，还是有人泄密，不得而知。后来，起义总指挥部决定将起义时间推迟几天。

有时，历史的某些细节，还真有点诡异。辛亥首义第一枪打响的时间，几经改变，可就在 10 月 9 日下午，辛亥首义的政治筹备处——汉口宝善里 14 号，出事了。汉口宝善里，又名楚善里，这 14 号，是原汉口俄租界内一楼一底的建筑。楼下，堆放着大捆的文告、旗帜、宣传品，几摞箱子里，有个箱子装的尽是些印章，最大的那颗是大都督的印章，这是为起义成功后发号施令用的。另外，还有一箱钞票。负责起义筹备工作的邓玉麟等人，还不放心，正在对堆放的物件做逐一检查。楼上靠窗子的亮处，孙武正在亲自配制炸药。那年月，火药没有如今这么多种类，也没有如今这么高的科技含量，能手工配制的，大概就是黑火药。在日本留学期间，孙武有意识地学会了配制各种炸药的本领，配制黑色火药，对他来说，应该是小儿科了。孙武太放松了，对站在一边抽烟的刘同，只是瞟了一眼。而这刘同，乃是革命党人刘公的弟弟。本来在楼下清理物件，此时到楼上来搬东西的谢石钦，随口提了个建议：“是不是把配制好的炸药，先搬到楼下去，就是配制的时候不慎出点差错，也不致酿……”孙武看了谢石钦一眼，调侃了一句：“谢书生咧，你真是书生的胆子呀！你放一百二十个心，下楼去忙你的事吧！”在革命党人队伍里，谢石钦是个笔杆子，那些装在箱子里的很多文告文件，都出自这个笔杆子的手。好在谢石钦知道孙武只是调侃，加上又很尊重、佩服孙武，对孙武的话，也只有苦笑摇头下楼去了。就在谢石钦下楼不一会儿，楼上就传来轰隆一声巨响。等楼下的谢石钦等人跑上楼，楼上已是浓烟滚滚。谢石钦等人在地板上找到孙武，给他用煤油擦洗脸，孙武急忙命令：“快，快叫同志们疏散。快把东西转移。”孙武的命令是被执行了，绝大多数同志和物件也都及时转移了，他本人也被送到同仁医院去了，可是，革命党人的动作，还是没有租界当局的动作快。宝善里爆炸声一响，当时汉口俄租界巡捕房就出动了，他们搜到了一部分起义的宣传品和文告，知道自己捣毁了一处位于汉口的起义点，大喜过望，逮捕了在场而没来得及逃跑的刘公的弟弟刘同，把他交给清政府汉口当局，连夜讯问。刘同这小青年，自然熬不过一番拷打，把知道的都招了。

如果，1911 年 10 月 9 日这天，辛亥首义领袖之一的孙武，在汉口宝善里 14 号配制炸药时，旁边那位年轻人不吸烟，或者如果，带火星的烟灰没有掉进火药桶里，辛亥首义的政治筹备处就不会发生爆炸，辛亥首义的时间，就不会是 10 月 10 号，中华民国的国庆日，就不会叫“双十节”。可以有太多的“如果”，可是，某段历史的构成，有时只需要一个偶然，一个极其偶然的偶然——而汉口宝善里 14 号，武昌小朝街 85 号，就适逢其会地位于一个历史偶然的坐标上。

❷ 彭刘杨路铭英魂

彭刘杨路，在武汉三镇都很有名。我想，凡涉及辛亥革命的纪念圣地，武昌的这条老街，都会被人提及。

彭刘杨路，1948 年以前，并不叫这个名字。

在被称为彭刘杨路之前，这条东西走向的老街，实际上是平阅路，亦即平湖门到阅马场，是武昌一段非常热闹的老街。向东，通武珞路路外出大东门直达关山，朝北可上长江一桥到汉阳与汉口。与长街（今解放路）相交，南可到解放桥，北到司门口。平阅路两边各类商铺和机构林立。由同仁医院改名的武汉市第三医院，是现在武汉市以诊疗烫伤烧伤著称的三甲医院。如果这条老街不改名，人们会记得这是武昌两个老地名，即平湖门和阅马场之间的连线街。改成彭刘杨路后，在人们对地名的记忆中，增添和铭刻了对历史人物和历史事件的记忆内容。彭楚藩、刘复基、杨洪胜这三位殉难于辛亥革命胜利前夜的革命者，在风云诡谲、变幻莫测的那几天发生的真实往事，仍历历在目。

在彭刘杨路东端阅马场上竖立着三烈士塑像。

三烈士中，最先被捕的是杨洪胜。

杨洪胜，其父杨大鹏因参加反清活动，于1883年被清军杀害在薤山“万人坑”里，这年杨洪胜刚8岁。父亲被清军杀害后，杨洪胜和母亲、妹妹，仅靠爷爷杨老铁匠在县城街上打铁的微薄收入活命。一年后，杨洪胜多病的母亲也撒手人寰。杨洪胜和妹妹只好来到爷爷身边。杨老铁匠很有骨气，为给儿子报仇，夜里悄悄为反清组织打造刀矛等兵器，不久也被清兵抓去杀害。怀着深仇大恨，杨洪胜从谷城来到武昌从军，以图寻机报仇。加入文学社后，奉命退伍，在武昌中和门正街右旗营房附近开了一家小杂货铺，作为革命党人的联络点。起义总指挥部成立之后，杨洪胜担任军务筹备员，负责各标营之间的交通联络和输送子弹、炸药到各标营的任务。10月9日上午，杨洪胜将数十枚子弹送进湖北新军工程营，分给熊秉坤、金兆龙等革命同志后，立即赶往胭脂巷胡祖舜的住所，那里还藏匿着一些炸弹。杨洪胜用人力车把炸弹拉回杂货铺藏妥，取出几枚，装进竹筐里，盖上些蔬菜，试图分别送入各标营。杨洪胜来到工程营，一看，卫兵换了，不是事先安排接应的革命同志。杨洪胜转身想走，可是晚了。那卫兵警觉性还挺高，一定要检查杨洪胜的竹筐。眼见大事不好，杨洪胜摸出一枚炸弹就扔。炸弹爆炸，引

图 5-6　彭、刘、杨三烈士塑像

出了更多的士兵。杨洪胜且战且退，朝自己开的杂货铺方向跑。那里还有些文件没有销毁，为了保护组织，他无论如何也要赶过去。可最终寡不敌众，杨洪胜负伤被捕。

汉口宝善里 14 号“失火”，殃及武昌的“池鱼”。武昌小朝街 85 号，起义总指挥部，刘复基正在向总指挥蒋翊武汇报起义前的准备工作。蒋翊武刚从岳州赶回来，他是到岳州去通报湖北起义的准备情况，联系同盟会湖南分会响应事宜的。这时，从汉口宝善里出事现场逃回武昌的邢伯谦，气喘吁吁地跑进来，报告汉口宝善里 14 号的爆炸惨状。但是，邢伯谦并不知道，在他跑到武昌小朝街的时候，刘同已经被捕且招供了。听完报告，蒋翊武、刘复基等主要领导人立即商议对策。最后决定，起义按原计划执行：10 月 9 日晚 12 点，先由南湖炮队的同志鸣炮为号，城内城外一起响应。当即派出几位同志到各标营去通知，蒋翊武、刘复基、彭楚藩等几位留在指挥部坐镇。当天夜里，湖广总督瑞澂派兵包围了小朝街 85 号。抵抗是有的，可惜没有效果。刘复基向包围的清军投掷了两枚炸弹，可能事出仓促，忘了拉引线，投出去的炸弹一枚也没有响。蒋翊武、彭楚藩、刘复基等翻窗逃跑，彭、刘二人被捉。戏剧性的是，包围的清兵没有捉蒋翊武。原因是蒋翊武的打扮，别说不像革命起义的总指挥，连一般的革命党人都不像：一身长衫，外罩红马褂，脑后还垂着一根脏兮兮的辫子。在清兵眼里，这人不是跑堂的，就是个穷学究。武昌起义总指挥蒋翊武得以逃脱，实乃万幸。

首先被提审的是彭楚藩。见彭楚藩一身宪兵装束，湖北督练公所的总办铁忠就有些忐忑。铁忠不是怕彭楚藩，而是忌惮自己受到牵连：宪兵营的管带果兴阿是铁忠的亲戚。只要彭楚藩不承认自己是革命党，果兴阿就没事，只要果兴阿没事，他铁忠也就脱了干系。有了这份私心，铁忠开口就问："你身为宪兵，是被派去捉拿革命党的吧？你怎么进来了呢？"意思很明白，这是在给彭楚藩"递话"，给彭楚藩搬个梯子，让彭楚藩接话"下楼"。哪知彭楚藩毫不领情，说道："我就是被捉进来的。没捉错，我就是革命党。"彭楚藩自幼研读经史诗文，国学底子很厚，22 岁投笔从戎，立志革命，先在混成协炮兵营当兵，加入日知会，是刘静庵的弟子，后来进入宪兵营，加入了文学社。起义准备期间，彭楚藩用自己宪兵的身份作为掩护，勘察地形，搜集情报，做了大量卓有成效的实际工作。彭楚藩的回答让铁忠非常意外，不由得恼羞成怒，追问同党。彭楚藩说，拿纸笔来。铁忠以为他要招供，当即给他纸笔。彭楚藩的供词是："自鞑虏入关，扬州十日，嘉定三屠，文字兴狱，蓄发罹罪，残暴数百年，与我汉族同胞不共戴天。亲贵用事，卖官鬻爵，失地丧权，犹以'宁赠友邦，勿与家奴'之手段，断送我大汉民族于万劫不复之地。我黄帝子孙，不忍见民族之沦亡，同伸革命救国之大义，是天经地义，责无旁贷。”这哪里是供词，简直就是革命檄文。铁忠还不死心，追问同谋。彭楚藩说：“革命乃我个人天职，不知谁是同谋。”

第二个被提审的是刘复基。刘复基，字尧澂，湖南常德人。别看他一脸书生气，为人平和低调，却是湖北革命团体群治学社、振武学社和文学社的重要成员，担任文学社的评议部长，是文学社日常事务的主持人，为文学社和共进会的联合起了决定性的推动作用。起义准备期间，刘复基负责军事方面的筹备工作，主持制订起义总行动计划。在起义前几次危急关头，他的冷静和执着，使起义准备工作一直有条不紊。刘复基是革命党人中的佼佼者，有胆识，有谋略，在革命党中是公认的领袖人物。这次被捕，他自知不能幸免于死，面对铁忠，不待讯问，便骂不绝口。

杨洪胜是最后被提审的。杨洪胜虽不是读书人，却是一个铮铮铁汉。铁忠虽姓铁，但在真正的铁汉面前，如同小丑。杨洪胜在逃跑时扔了一枚炸弹，负伤后还跑回自己开的杂货铺清理现场，销毁证据。铁忠心里恨，知道从杨洪胜身上得不到什么有用的东西，下令手下往死里打，以出心中恶气。行刑前，这位对清政府怀有深仇大恨的革命党的普通战士，呼喊着口号，英勇就义。辛亥首义前夕乃至起义成功后，为保卫起义成果而牺牲的革命者，总共有多少，没有去汇集全面资料，仅后来在汉口保卫战中战死的民军人数，就很有几个版本。有说五六千人的，有说三千多人的，最少的，也有说两千多人的。在这些文字资料里，有一点是相同的，那就是，当时民军阵地血流成河，临近大智路一带的沟渠水凼，色皆猩红，凝结不流；战死的民军，无法安葬，就地挖坑而埋，成六个大堆。很长一段时间，武汉人不知球场街，只知“六大堆”这个地名。所谓“民军”，其实就是汉口的普通老百姓。他们也是辛亥革命中的革命者，是参与推翻帝制的献身者，“六大堆”处亦即今球场街2号，建成辛亥烈士陵园，这既是一种纪念，也是一种对真实历史的认可和对生命价值的崇敬。但是，为纪念辛亥革命烈士而建祠且以其姓氏命名街巷的，普通烈士唯有杨洪胜。三位烈士中，彭楚藩和刘复基，是读书人，知识分子，是辛亥革命起义总指挥部的重要领导成员。杨洪胜与阳夏之战中牺牲的众多民军战士一样，就是普通一兵。走在武昌的彭刘杨路上，我们能体会到武昌人对先烈尊重中的那份公允与虔敬。

看到铁忠的审讯记录，瑞澂愤怒异常，在所谓判决书上连写：杀杀杀。彭楚藩、刘复基、杨洪胜，这三位革命的先行者，从容就义于武昌督署门外。彭、刘、杨三烈士英勇就义后，革命党人将这三位烈士的尸身妥善收殓。辛亥革命成功后，为三位烈士建烈士祠以示纪念。

彭楚藩、刘复基在武昌小朝街85号被捕，这家的主人肯定脱不了干系。当初，张廷辅慨然同意将自己家作为文学社的秘密总部和起义的总指挥部，不可能不知道自己和家人担了多大的危险，只是不知道危险来得这么快。又是军警包围，又是炸弹爆炸的，闹出了这么大的动静，可张廷辅一点也不知道。他既不知道家里生变，同志被捕，也不知道自己的夫人和岳父乃至用人都被抓了起来，因为他不在现场。10月10日晨操，张廷辅正在值班，一群巡防营的士兵将他逮捕。昨晚，湖北督练公所的总办铁忠，忙了一夜，审讯彭、刘、杨，实在累得很。铁忠不傻，知道既然抓了张廷辅的家人，而且得知张廷辅不在现场，还在军营里，命人秘密地监视，企图引出更多的“大鱼”。清晨，铁忠才下令抓捕张廷辅，带到审讯室审讯。张廷辅一看架势，明白大事不好，家里肯定出事了，而且一定是大事。好在当时他不在现场，好在同意将自家宅子作为指挥部，用的是租赁的名义。所以，面对铁忠的审问，张廷辅沉着冷静，显出一副很无辜的样子。铁忠也拿他没有办法，只好放了张廷辅的家人，把张廷辅收监在模范监狱里，以防万一。张廷辅大难不死，全凭他的临危不乱和机智应对，否则，他也难以幸免。

新中国成立之后，中国共产党没有忘记彭、刘、杨三位烈士，没有忘记为民族独立与人民解放而英勇献身的革命先行者。进入改革开放后，城市化进程日新月异，彭刘杨路也几经升级改造，不仅没有淡化昔日先烈们生命的辉煌，而且进一步用当代乃至后代的视角和激情，构筑起成系列的纪念群。如今的彭刘杨路，更多了些对历史的追思和景仰。在彭刘杨路、阅马场这一带，除了红楼跟前孙中山的铜像，还有彭、刘、杨三烈士塑像，还有众多无名英雄的群雕，让我们，让我们的后人，永远记住当年那些如火如荼的日子。

❸ 血雨腥风首义路

武昌的首义路，就眼下的街名而言，不属于老街巷之列。这条街的街名，经过血雨腥风的洗礼，最终在 1952 年被“定格”为首义路。回望这条街在历史的血与火中锻造的历程，百感交集，难以言表。

作为一条街巷，肯定是想要我们和我们的后人记住，这条街和这一带，曾经有我们这座城市乃至我们这个民族，应该永远铭记的伟大历史过往。正如楚国八百年，走过的风风雨雨，坎坎坷坷，培育出楚人特有的敢为人先的精神，培植出不屈不挠的一往无前的意志，如象征楚人精神的神鸟凤凰，为了自由，义无反顾地扑向烈火，或者死亡，或者涅槃新生。

首义路，这条新中国成立之后命名的街巷，它的两侧及周边一带，在辛亥革命爆发前夕，革命党人中的不少领导人和中坚分子，曾在这里设立过不止一个秘密机关和据点，辛亥首义的第一枪，也是在这附近的湖北新军工程营里打响的。岁月流逝，在这里牺牲的烈士已长眠百余年，在首义枪林弹雨中幸存下来的辛亥老人，有的经历了民国的动乱；活到新中国成立并任职者虽不多，但大都受到新中国政府和人民极高的尊崇。眼下，当年亲身经历过那场革命的辛亥老人都已过世，就连他们的第二代血亲，存世者，多半也是耄耋老人了。但凡肉体的生命，从呱呱坠地的那一天算起，注定的终点，都是死亡。生命价值的诠释，因时代的不同，认知各异。但大到为国捐躯、为民请命，小到个性解放、人格尊严，均是生命价值观的基本认同。“血沃中原肥劲草，寒凝大地发春华”，这首诗很能体现当年辛亥革命党人的信念。“生命诚可贵，爱情价更高。若为自由故，两者皆可抛”，这是一百多年来中国所有真正革命者为理想奋斗的真实写照。

作为武昌的一条街巷，在被“定格”为首义路之前，它由这么几条街巷组成：北端，叫黄土坡，蜿蜒至今紫阳路交界处的一段，叫分水岭；南端，早先叫中和门正街，连接老武昌十座城门之一的中和门（今起义门）。首义第一枪在这里打响，与当年清政府在这一带的军事部署有关。据有关资料显示，以孙中山为主要领导、黄兴亲自参与的广州黄花岗起义，牺牲后葬于广州郊外的黄花岗的烈士，很多是家境优裕的归国华侨。而爆发于武昌的辛亥首义，参与者大多是当年张之洞编练的湖北新军的士兵和他主持开办的各类学堂的学子。这些革命者，尤其是其中的领袖人物，大多有深厚的国学根底，有留学的经历，民主兴国和忧国忧民的家国情怀，让他们一天也不能平静。

综观辛亥首义的准备历程，那是一个不乏激情青年的时代。最早被捕的日知会领导人刘静庵，病逝于狱中，年仅 36 岁。牺牲于起义前夕的彭、刘、杨三烈士，彭楚藩，是刘静庵的学生和忠实追随者，牺牲时年仅 27 岁；刘复基，这位有勇有谋的文学社重要领导人，牺牲时年仅 26 岁；杨洪胜，这位革命队伍中的普通一兵，牺牲时也就 36 岁。当年的黄土坡，东段是清军左旗营房，南端是清军右旗营房，再往南是楚望台，那里有清军军械库，存储着大量的军火。起义前夕，文学社、共进会这些社团，聚焦这一带，在这里设置活动据点，组织武装力量，就成为必然。黄土坡下段的分水岭 7 号，是共进会领导人孙武在武昌的住处。这位中国近代民主革命家，曾住在这里动员军营里的武装力量。以孙武为主要领导人的共进会和以蒋翊武、刘复基为主要领导人的文学社联合的第一次协调会，就是在孙武的住处召开的。黄土坡还设有几处酒馆：同兴酒楼，黄土坡 20 号，是共进会开设的，经理是著名革命党人邓玉麟；振武学社也曾在这里开过一家酒馆，所取的名字有点眼下的网络味道，叫“开一天”酒馆，振武学社的成立大会就是在这“开一天”酒馆里召开的，据说，那会开了一整天。文学社也在这里开了一家酒馆，叫“招鹤酒楼”。到底是文学社，一看酒馆的名字就很有文气，社长蒋翊武曾在这里主持召开文学社的代表大会。杨洪胜生前所开的杂货铺，也开设在离右旗营房后门不远处，离工程营不远，便于联络同志和运送武器。

可以这样说，如今的首义路，亦即当年的黄土坡、中和门正街这一带，既是辛亥首义急风暴雨来临之前的始发地，也是辛亥首义爆发的“火药桶”。

❹ 工程营里第一枪

武昌起义的执行计划、方案和时间等诸项准备工作，在彭、刘、杨事件前已经就绪，因彭、刘、杨三人被捕牺牲，起义总指挥蒋翊武避走京山，与各标营的联络突然中断，眼看这次准备充分的革命，又要功亏一篑了。此后，怎么还是爆发而且成功了呢？汇集有关当事人包括打响第一枪的熊秉坤的回忆资料，以及相关研究著述，提炼其中不相矛盾的记载，核实准确的时间，尤其是与事发有关的武昌老街巷和地址，起义经过大致如下：

彭、刘、杨三烈士就义后，武昌戒严，胭脂巷、黄土坡、小朝街各处秘密机关，均被捣毁。张廷辅亦在军营里被捕，各机关同志被捕者，先后达数十人，交通断绝。一时间，黑云压城，反革命恐怖笼罩武昌，笼罩三镇。

最先看出出事端倪的是湖北新军工程营。工程营里，革命党人最集中，是起义最得力的武装力量。其总代表熊秉坤是一位意志坚定的革命党人。10月9日，等到晚上12点起义发动的时间，没有动静。第二天，外出采购蔬菜回营的士兵，向熊秉坤报告了昨天小朝街出事的传闻。紧接着，又得知张廷辅晨操时被捕，更加证实坊间传言：督署逮捕了一批革命党人，听说其中就有杨洪胜。杨洪胜昨天还到工程营送过子弹。熊秉坤等人不禁义愤填膺，当即召集同志们商议对策。大家纷纷表示，既然起义总指挥部被破坏，如果等待后续命令，可能还有更多的同志被牵连，乃至原定的起义行动也会流产。该是他们这些战士站出来的时候了。熊秉坤是工程营的总代表，见大家意见一致，当即决定当晚第一次点名集合时，即在本营房发难起事。当时，最大的困难就是各营枪弹不足。这是湖广总督瑞澂下达的命令，平时士兵一律不准有实弹。好在昨天杨洪胜送来数十枚子弹，熊秉坤略为分配，并发布几条规定：一是参加起义者，每人在右臂上缠一白布条以便识别；二是出发时，除武器弹药外，一律轻装；三是工程营占据楚望台后，立即派人迎接南湖炮队进城。这么多的人进进出出，不透风是不可能的。但是，出于对清政府的愤恨，加之革命团体多年的宣传动员，大部分士兵都被争取过来了；与熊秉坤等天天打照面的下级军官，也大多睁只眼闭只眼。见风声紧，不愿参与起义的下级军官，私下向熊

图 5-7　熊秉坤

秉坤等人表示，只要他们不受到伤害，对革命党人的行动绝不干涉。局面从来都不会是铁板一块，反对革命党人的下级军官也不少。这不，临到晚间第一次点名，熊秉坤忽然听到楼上二排有呼喝声，赶过去一看，是二排长陶启胜在呼喝金兆龙，并问金兆龙为何睡觉还抱着枪，是不是想造反。这金兆龙，脾气火暴，当即从床上跳起来说道：“造反就造反，我今天就是要造反。”陶启胜见状不对，转身就跑。熊秉坤担心他逃脱泄密，开枪就射。

这，就是辛亥首义第一枪。

当然，第一枪一响，动静就大了。双方对射，互有死伤。

不久之后，工程营的革命党人占领了楚望台军械库，迈出了辛亥革命胜利的第一步。

湖北陆军测绘学堂，靠近工程营，深夜的枪声，一听就知道工程营起义了。陆军测绘学堂虽然有不少革命党人，也得到参与起义的通知，但是毕竟是学测绘的，况且，也不都是革命党人。就在此时，一个叫李西屏的年轻人跳了起来，说道："今天是我们革命党人举事的日子，就是为了推翻清朝。我就是革命党。"这可谓是振臂一呼，应者云集。于是，李西屏命令同学排队赶往楚望台与工程营的同志会合。李西屏，又名李翊东，这位辛亥元老，是湖北黄冈人。我虽然不认识他，但是与他的儿子李珂乃多年同事且私交甚笃。

新中国成立后，李西屏曾任湖北省商业厅副厅长、第一届全国人民代表大会代表，在1955年2月湖北省第一届政协会议上，被选为湖北省政协副主席，1959年6月召开的湖北省第二届政协会议上，再次被选为湖北省政协副主席和民革中央委员。1960年，李西屏老人因病去世，安葬在武汉石门峰纪念公园辛亥首义纪念墙下，与熊秉坤等辛亥志士永远相伴，遗著有《李西屏文集》。

邓玉麟本负有传达命令之责，从出事的汉口宝善里逃出来，绕开盘查，从汉口乘船到汉阳，再从鹦鹉洲搭乘过江的货船到鲇鱼套，白天躲在一间小客栈里，等到天黑，来到南湖炮营，通报外面的严重事态。按照起义计划，城内枪响，南湖炮营应该鸣炮以示响应，并带火炮进城，抢占蛇山及楚望台两处制高点，布置炮兵阵地，协助攻占督署。听到邓玉麟的情况通报，南湖炮营的革命党人一时不知所措。炮兵不同于其他兵种，要挪动，必须有步兵的配合。好在南湖炮营有许多坚定的革命党人。当即商议，由徐万年牵头，听到城内枪响，迅速作出反应：以邓玉麟在南营门放一枪为号，马夫们立即奔向炮台，夺炮驾马，准备进城。正在此时，工程营派来迎接的革命党人已经进了炮营，通知军械库已经拿下，但是，进攻督署的战斗遇到了顽强的抵抗，急需炮队的火力支援，请炮队火速入城增援。徐万年急忙指挥炮标入城，一部分赶往蛇山，一部分赶往楚望台，部署确定炮兵阵地后，立即开炮轰击督署。

辛亥元老徐万年，字寿亭，河南南阳瓦店镇人，1906 年加入共进会。在湖北新军炮兵第八标当兵，辛亥革命爆发前，被推为八标总代表。当年，南湖炮队从中和门进城占领蛇山和楚望台，炮击总督府这个最后堡垒，为起义成功立下不可替代的功劳。辛亥首义成功后，徐万年被列入甲级功臣，管理全军粮饷。经历过漫长的军旅岁月，直至新中国成立，1951 年，徐万年在武汉任辛亥革命武昌首义同志会筹备委员，1954 年病逝。

在辛亥首义的战斗中，攻占督署的战斗是最激烈的，领头冲锋陷阵的是革命党人蔡济民。蔡济民，原名蔡国桢，湖北黄陂人。说起蔡济民，他真是个儒将，饱读国学经典，而且擅长吟诗作赋。在那个风云激荡的年月里，蔡济民先后参加了湖北的所有革命团体：日知会会员、共进会会员、将校研究团成员、群治学社社员、文学社社员、中国同盟会湖北分会会员。他不仅是这些社团的成员，而且还是共进会、文学社联合的促成者之一，以及辛亥革命起义计划的主要制订者。1917 年，孙中山任命蔡济民为护法军政府鄂军总司令。可惜的是，就是这么一位文武双全的民主革命家，1919 年在利川被川军军阀方华南杀害了。

从首义路走出来的辛亥革命元勋中，命运较为传奇的，要数邓玉麟了。邓玉麟是共进会的重要成员，武昌起义爆发的前夕，就是他与共进会的主要领导人孙武等几个人一起，在汉口宝善里 14 号，忙着处理印刷文件、制作起义胜利旗帜一类的繁琐事务。邓玉麟是起义总指挥部任命的总交通员，负责三镇革命党人及其机构之间的通信联络。以那个年代的通信条件，他只能不停地奔波于三镇之间，稍有闪失，不仅关乎个人性命，而且会直接危及整个团队的安全。彭、刘、杨三烈士，若非都是硬汉子，武昌起义的成败还真未可知。邓玉麟从汉口宝善里逃出来，没有离开革命队伍，这本身就很能说明他的革命坚定性。他从汉口返回汉阳，又从汉阳渡江到鲇鱼套，再到各起义点传达情况。这几句话能说明白的事，当年做起来，工作量之大，姑且不论，其难度，是当代人难以想象的。邓玉麟在辛亥首义第一枪打响之前的默默工作，起义爆发后的冲锋陷阵，是应该载入史册的。邓玉麟参加过护国战争、护法战争，曾被授予中将军衔；1926 年参加北伐战争，曾担任北伐军左翼军第一路军总指挥。此后，邓玉麟就淡出了军界，寓居上海；抗战爆发后，拒绝日本人收买，回到武汉。武汉沦陷后，先是到长阳，1943 年重回故乡

图 5-8　邓玉麟墓

巴东。1946 年，邓玉麟还专程到重庆去看望辛亥革命故友董必武，两位辛亥老人叙旧甚欢。新中国成立前夕，国民党派专人到巴东，劝说这位辛亥元勋到台湾去，却被邓玉麟拒绝了。新中国成立之后，邓玉麟曾一度被列入开明绅士名单，受邀出席巴东县各界人民代表会议。辛亥革命 71 周年前夕，也就是 1982 年，巴东县人民政府拨专款，为邓玉麟兴建墓碑。这，或许，会让“首义路”感到欣慰。

尾　声

漫步在首义路和与辛亥革命这一历史事件相关的武昌老街巷中，总有一个问题在脑际萦绕：辛亥革命成功了吗？这问题看似很敏感，其实也平常而且也绕不开。实际上，作为这场革命的总领导人孙中山，早有结论：革命尚未成功，同志仍须努力。意思很明白，作为一场革命，推翻2000多年（从嬴政公元前221年称帝算起，至1911年，准确地说，应该长达2132年）的帝制，在这个意义上，辛亥革命是成功的。一代人有一代人的责任和担当，推翻帝制，建立民国，孙中山被尊为“国父”，历史和今天都没有异议。“余致力国民革命凡四十年，其目的在求中国之自由平等。积四十年之经验，深知欲达到此目的，必须唤起民众及联合世界上以平等待我之民族，共同奋斗。”按孙中山自己所设目标，革命是“尚未成功”的，所以“同志仍须努力”。这样的高度，即使拿到今天来评价，孙中山仍不愧是“伟大的民主革命先行者”。1956年11月，孙中山诞辰90周年，新中国为此举行了纪念大会，毛泽东、刘少奇、周恩来等领导人出席大会，13个国家的代表在会上发言。毛泽东还以《纪念孙中山先生》为题，在《人民日报》发文。其中几段，今天读来，仍让人百感交集：“一九一一年的革命，即辛亥革命，到今年，不过四十五年，中国的面目完全变了。再过四十五年，就是二千零一年，也就是进到二十一世纪的时候，中国的面目更要大变。中国将变为一个强大的社会主义工业国。中国应当这样。因为中国是一个具有九百六十万平方公里土地和六万万人口的国家，中国应当对于人类有较大的贡献。而这种贡献，在过去一个长时期内，则是太少了。这使我们感到惭愧。”

“他全心全意地为了改造中国而耗费了毕生的精力，真是鞠躬尽瘁，死而后已。”

“像很多站在正面指导时代潮流的伟大历史人物大都有他们的缺点一样，孙先生也有他的缺点方面。这是要从历史条件加以说明，使人理解，不可以苛求于前人的。”

感佩伟人的伟大。他的箴言般的预见，他的广阔的胸襟，他的臧否人物的公允，真乃常人难及。

今天，距离毛泽东预言的“二千零一年”，已然过去了十多年，伟人当年“中国应当对于人类有较大的贡献”的嘱托，如今正在一件件地变成现实立体的长卷，向世界绽放出光彩。

跋

接到写《武昌老街巷》的邀约，将相关资料从书柜里搬出来，环案堆积，竟有两米之高，翻弄一遍，顿生踌躇：接，抑或是不接，是个问题。古人云，挟泰山以超北海，此不能也，非不为也；为老人折枝，是不为也，非不能也——踌躇之由，似不能。

对武昌，我是熟悉的。1967 年，我 20 岁，由武汉市教育局分配至武汉市第十五中学当语文教员。学生住处，东到莲溪寺，西至阅马场，北到螃蟹岬乃至武汉重型机床厂，南至火车站，家访所至，基本都是武昌的老街巷。星期天，昙华林、阅马场、大成路、司门口一带，这些尚有不少原汁原味之处，是常去逛的地方。舌耕五年，居住五年，人生最好的年华留在了武昌。“文革”结束后，恢复高考，成为七七级湖北大学（原武汉师范学院）中文系学生，校址就在武昌宝集庵。因上有老下有小，选择“走读”，骑一老旧自行车，穿司门口，过螃蟹岬，走积玉桥，经三层楼、三角路，往返四年，又做了武昌城的长期访客。至 2004 年，完成以我们这座城市发展史为背景的长篇小说《红尘》三部曲——《孕城》《招魂》《娩世》；十一年前，办完退休手续，即开始对武汉三镇老街巷进行有计划的实地踏访，两部相机两条腿，两年下来，几乎访遍所有老街巷，摄下诸般行当艺人工匠的劳作影像，零碎的感受文字，散落在《凝固的记忆：武汉老街巷》和《模糊的背影：武汉老行当》两本小册子里了。此次，武昌区政协与武汉出版集团公司打造武昌重点文化工程，规划宏大，心生敬佩，忝与盛事，固然激动。多年来，混迹文化界，在文化学者们眼里，我可能是个作家；在作家们眼里，我可能是个文化学者，自嘲则为“文化蝙蝠”，其实，也就是个对生我养我的这座城市情有独钟的老武汉人而已。云淡风轻，咀嚼点这座城市历史、现实的世相；闲情笔墨，描摹点这座城市色彩斑斓的市井风情，三十余年，已是习惯，于我而言，乐趣而已。应该进入何种深度层面来剖析这座城市的文化之基，似觉力有未逮。尤其是武昌，近一千八百年的城邑史，先民蓝缕开疆、历史新陈代谢而产生无数老街巷中的文化，无论是从物质层面，还是从精神层面来审视，其厚度和高度，都让人叹为观止。

正是因为熟悉武昌，故有近乡情更怯之感。

十五年前，曾沿着川藏边沿转悠半个多月。途中曾遇一磕头朝圣者，其磕头类型，是为“等身长头”。当时，好奇多于震撼，欲与之交流，苦于语言障碍，故留影作罢。但是，他那一丝不苟的规范动作，他那面无表情的脸膛，他那额头上留有的祖国土地的印迹，却深深刻在我心底了。面对武昌老街巷蕴藏和散发出的文化韵味，思索武昌老街巷诸多文化韵味凝聚成的文化精神及其对后世的影响，对武昌老街巷浸润进我们这座城市的文化精神，做探索，做发掘，做钩沉，绝对是一件很有意义的事情。于是，揣着九分敬畏、一分磕“等身长头”的冲动和虔诚，写吧！

从街巷的视角，武昌城邑，始于魏晋，经唐宋元明清历朝，扩建改造，又经历朝战乱，损毁严重，但由于植下楚人精神，楚文化由此滥觞而终成浩渺，堪比文化深海。超强的文化吸纳和自洁能力，在曲折而漫长的城邑史中，武昌城中的那些老街巷，顽强地涵养着自身的文化品位和楚风楚韵的雅致气质，这一份坚守，似一执着的朝圣者，由千丝万缕的楚地血脉和信仰牵引着，百折不回地向着不可知的“妙境”，继续前行。思及于此，武昌老街巷，武昌老街巷文化的创作者——我们的先

图 7-1　作者与朝圣者合影

人，让世人为之动容之余，给予后来者，多少启发和激励。

忆及当年踏访三镇老街巷，每逢周日，十来岁之爱孙亦跃然伴行，欲实地体验生养吾侪之城与市井民风。流年似水，少年已然魁伟帅小伙且硕士，仍承续当年姥爷“田野调查”之风，足迹已遍及欧美，近被一北欧名校招录，游学之路，虽路漫漫其修远兮，前面，定然是 片开阔地。看来，拓展文化精神，传承文脉薪火，吾辈努力了，成就如何，已不重要，待有后人，足矣。

彭建新

2018 年 8 月 30 日于汉口后湖